大连理工大学管理论丛

企业员工的信息安全行为研究

李文立　陈　昊　著

国家自然科学基金项目（71272092，71431002，71731003）
国家自然科学基金创新研究群体项目（71421001）　　　　　　　　　资助
大连理工大学基本科研业务费项目（DUT18RW129）

科　学　出　版　社

北　京

内 容 简 介

行为安全是组织信息安全管理体系不可或缺的组成部分。员工对于信息资产的合规使用是维护组织信息安全的关键环节，若员工有违规行为则会对信息安全带来潜在风险甚至巨大损失。本书以员工为基本研究单位，从行为学的角度探讨企业的信息安全管理，旨在揭示组织信息安全管理中员工的信息安全行为模式及形成与治理机制，从而为更好地制定和实施信息安全管理战略，建立和维持信息资产安全提供理论依据与实践指导。本书首先对组织信息安全管理，特别是行为安全管理的产生和研究现状进行回顾；其次从多理论视角，针对遵守信息系统安全政策的行为、违背信息系统安全政策的行为，以及互联网滥用行为进行深入探讨，揭示行为成因并提出相应的行为激励或治理对策。

本书可供信息安全管理研究方向高年级的硕士生、博士生及教师参阅；同时也可供企事业单位和政府部门相关管理工作者阅读。

图书在版编目（CIP）数据

企业员工的信息安全行为研究/李文立，陈昊著. —北京：科学出版社，2018.10

（大连理工大学管理论丛）

ISBN 978-7-03-058156-3

Ⅰ. ①企… Ⅱ. ①李… ②陈… Ⅲ. ①企业管理—信息安全—研究 Ⅳ. ①F272.7

中国版本图书馆 CIP 数据核字（2018）第 139193 号

责任编辑：李 莉/责任校对：李 影
责任印制：霍 兵/封面设计：无极书装

科 学 出 版 社 出版

北京东黄城根北街 16 号
邮政编码：100717
http://www.sciencep.com

北京通州皇家印刷厂 印刷

科学出版社发行 各地新华书店经销

*

2018 年 10 月第 一 版 开本：720×1000 1/16
2018 年 10 月第一次印刷 印张：10
字数：210000
定价：86.00 元
（如有印装质量问题，我社负责调换）

作 者 简 介

李文立

大连理工大学管理与经济学部副部长、教授、博士生导师，教育部新世纪人才计划获得者，辽宁省教育厅电子商务类教学指导委员会主任委员，国际信息系统协会中国分会（China Association for Information Systems，CNAIS）理事，中国系统工程学会青年工作委员会常务理事，国家创新群体、教育部创新团队及国家重点学科"管理科学与工程"核心团队成员，大连理工大学电子商务中心副主任，大连市电子商务重点实验室副主任。主持国家自然科学基金重点项目 1 项、面上项目 5 项，在国内外重要学术期刊和国际会议上发表论文百余篇。主要研究领域为信息管理、电子商务。

陈昊

大连理工大学管理与经济学部博士研究生，加拿大麦克马斯特大学 DeGroote 商学院访问博士生。目前从事信息系统与信息安全管理，IT 安全与电子商务应用等方面的研究。研究成果发表在《管理科学》《科研管理》《管理评论》等国内信息系统 A 类期刊，PACIS（Pacific Asia Conference on Information Systems，即亚太信息系统会议）等重要国际会议，以及 *Information Technology & People* 和 *Behaviour & Information Technology* 等 SSCI 和 SCI 期刊。

丛书编委会

编委会名誉主任　　王众托
编委会主任　　　　苏敬勤
编委会副主任　　　朱方伟　　李文立
编委会委员（按姓氏笔画排序）

王尔大	王延章	王国红	朱方伟	仲秋雁
任曙明	刘凤朝	刘晓冰	安　辉	苏敬勤
李文立	李延喜	迟国泰	陈艳莹	胡祥培
秦学志	原毅军	党延忠	郭崇慧	逯宇铎
戴大双				

总　序

　　编写一批能够反映大连理工大学管理学科科学研究成果的专著，是几年前的事情了。这是因为大连理工大学作为国内最早开展现代管理教育的高校，早在1980年就在国内率先开展了引进西方现代管理教育的工作，被学界誉为"中国现代管理教育的先驱，中国MBA教育的发祥地，中国管理案例教学法的先锋"。大连理工大学管理教育不仅在人才培养方面取得了丰硕的成果，在科学研究方面同样取得了令同行瞩目的成绩。例如，2010年时的管理学院，获得的科研经费达到2000万元的水平，获得的国家级项目达到20多项，发表在国家自然科学基金委员会管理科学部的论文达到200篇以上，还有两位数的国际SCI、SSCI论文发表，在国内高校中处于领先地位。在教育部第二轮学科评估中，大连理工大学的管理科学与工程一级学科获得全国第三名的成绩；在教育部第三轮学科评估中，大连理工大学的工商管理一级学科获得全国第八名的成绩。但是，一个非常奇怪的现象是，2000年之前的管理学院公开出版的专著很少，几年下来却只有屈指可数的几部，不仅与兄弟院校距离明显，而且与自身的实力明显不符。

　　是什么原因导致这一现象的发生呢？在更多的管理学家看来，论文才是科学研究成果最直接、最有显示度的工作，而且论文时效性更强、含金量也更高，因此出现了不重视专著也不重视获奖的现象。无疑，论文是重要的科学研究成果的载体，甚至是最主要的载体，但是，管理作为自然科学与社会科学的交叉成果，其成果的载体存在方式一定会呈现出多元化的特点，其自然科学部分更多的会以论文等成果形态出现，而社会科学部分则既可以以论文的形态呈现，也可以以专著、获奖、咨政建议等形态出现，并且同样会呈现出生机和活力。

　　2010年，大连理工大学决定组建管理与经济学部，将原管理学院、经济系合并。重组后的管理与经济学部以学科群的方式组建下属单位，设立了管理科学与工程学院、工商管理学院、经济学院以及MBA/EMBA教育中心。重组后的管理与经济学部的自然科学与社会科学交叉的属性更加明显，全面体现学部研究成果的重要载体形式——专著的出版变得必要和紧迫了。本套论丛就是在这个背景下产生的。

本套论丛的出版主要考虑了以下几个因素：第一是先进性。要将学部教师的最新科学研究成果反映在专著中，目的是更好地传播教师最新的科学研究成果，为推进管理与经济学科的学术繁荣作贡献。第二是广泛性。管理与经济学部下设的实体科研机构有 12 个，分布在与国际主流接轨的各个领域，所以专著的选题具有广泛性。第三是纳入学术成果考评之中。我们认为，既然学术专著是科研成果的展示，本身就具有很强的学术性，属于科学研究成果，有必要将其纳入科学研究成果的考评之中，而这本身也必然会调动广大教师的积极性。第四是选题的自由探索性。我们认为，管理与经济学科在中国得到了迅速的发展，各种具有中国情境的理论与现实问题众多，可以研究和解决的现实问题也非常多，在这个方面，重要的是发动科学家按照自由探索的精神，自己寻找选题，自己开展科学研究并进而形成科学研究的成果，这样的一种机制一定会使得广大教师遵循科学探索精神，撰写出一批对于推动中国经济社会发展起到积极促进作用的专著。

本套论丛的出版得到了科学出版社的大力支持和帮助。马跃社长作为论丛的负责人，在选题的确定和出版发行等方面给予了自始至终的关心，帮助学部解决出版过程中的困难和问题。特别感谢学部的同行在论丛出版过程中表现出的极大热情，没有大家的支持，这套论丛的出版不可能如此顺利。

大连理工大学管理与经济学部

2014 年 3 月

前　言

　　信息安全事件的频发给企业造成巨大的经济损失和声誉损害。组织员工产生的内部威胁已经超越外部威胁成为信息安全事件的首要诱因。信息安全不单单需要安全技术的支撑和法律体系的完善，还需要从管理层面关注信息安全风险的人因要素。行为信息安全同样是企业信息安全管理的重要组成部分和关键环节。本书旨在揭示企业信息安全管理中员工的信息安全行为模式及形成与治理机制，从而为企业更好地制定和实施信息安全管理战略，建立和维护企业的信息资产安全提供理论依据与实践指导。

　　本书以企业员工为基本研究单位，从行为学的角度探讨企业的信息安全管理。企业实践中，员工需要在信息系统安全政策（information security policies，ISP）的规定范畴内实施角色内行为，以确保企业可以及时响应信息安全风险，从而使企业时刻处于安全氛围之中。员工遵守信息系统安全政策与否需要企业发挥控制约束力，以确保员工可以满足组织对于信息安全的期望而遵守信息系统安全政策的相关规定，并以此为信息资产使用过程中的行为准则，同时避免做出违背信息系统安全政策的举动。本书针对员工的信息系统安全政策遵守行为和信息系统安全政策违背行为，及其特例互联网滥用行为，从不同的理论视角，尝试探讨影响行为成因的关键要素及其影响机理。研究结论为企业的信息安全行为管理实践提供借鉴，通过组织信息安全伦理氛围建设、道德培训开展和控制机制（奖惩激励、面子管理、社会纽带和社会压力等）设计来约束和矫正员工的消极信息安全行为。

　　本书是大连理工大学管理与经济学部李文立教授 IT 行为研究团队集体智慧的结晶，得到国家自然科学基金项目（71272092，71431002，71731003），国家自然科学基金创新研究群体项目（71421001）和大连理工大学基本科研业务费项目（DUT18RW129）的支持资助。全书内容来源于李文立教授研究团队多年的研究成果，由李文立教授和博士研究生陈昊进行统筹和内容整理工作。全书内容安排如下：第 1~3 章和第 5 章内容源自博士研究生陈昊的研究成果；第 4 章内容源自硕士研究生陈琳的研究内容；第 6 章和第 7 章参考了硕士研究生程丽娇和李瀛的研究工作。

由于时间和水平有限，书中难免存在不足之处，敬请读者不吝指正。

目　　录

第1章 绪 论

1.1 企业信息安全行为管理

1.1.1 行为安全是组织信息安全管理体系不可或缺的组成部分

人们对信息安全的关注起始于 20 世纪中叶通信领域对信息加密传输的需求。在相当长的一段时期内，信息安全被等同于信息加密，其主要目的在于保障信息的机密、完整和可用。随着 90 年代互联网的兴起与普及，人们对于信息安全的认识已经不再局限于对数据信息本身的狭隘理解，而是逐渐将信息系统和互联网系统纳入其中，探求如何保障系统整体的安全性。随着信息技术和信息系统在商业组织中被广泛采纳，组织层面的信息安全面临着严峻的形势和挑战。特别是近年来大数据和"互联网+"概念的频繁提及与商业实践，使得信息资产的商业价值凸显，各类新兴互联网公司纷纷创立，越来越多的传统型企业也参与其中。然而，信息安全事件的频发对企业信息资产的安全使用提出了更为严峻的挑战，信息安全显得非常重要。2013 年调查数据显示，93%的英国大型企业曾发生过信息安全事件[1]，44%的中国内地及香港企业称遭遇过数据丢失或损坏事故，亚太地区的信息安全事件较上年增长 21%[2]。2015 年调查发现全球企业遭受的信息安全事件较 2014 年飙升 38%[3]，超过 45%的国内企业在过去三年内发生过不同量级的信息安全事故，大型企业（500 人以上）与电信行业的信息安全事故发生比例分别高达 57%和 64%[4]。信息安全事件的频发和高发给企业造成巨额经济损失。在中国内地和香港，2013 年因信息安全事件，企业平均经济损失高达 180 万美元，高于亚太地区的平均值 160 万美元[2]；2015 年英国大型企业的损失则高达 314 万英镑[3]。

人们在信息安全问题的产生之初倾向于从技术角度寻求相应的解决方案，密码学、可信计算、网络安全和信息隐藏等技术的急速更新为信息设备安全、数据安全和内容安全提供了硬件和软件的底层安全保障[5]。商业组织的信息安全实践同样倚重于基于安全技术的解决方案，以防范信息安全事件的发生。引入信息安全技术架构、应用新技术工具和平台、安装防火墙及安全防护软件、设置监控系统和使用防护密码等信息安全防护技术和措施在一定程度上为信息资源提供安全保护[6, 7]。2015 年，44%的英国大型企业增加了信息安全投资预算，并且被调查企业中有近 1/3 选择投资于安全控制技术[8]。

安全技术的实施效果取决于员工对于安全技术的采纳与使用。员工不正确的使用习惯，对信息资产的滥用和误用行为等（如未经授权登录系统或访问数据、违背数据保护规范或章程、丢失或泄露机密信息等[8]）都无法通过技术手段来进行控制[9, 10]。并且员工在高效的安全技术支持和其他组织安全对策的支持下表现出松懈与疏忽[11~13]，从而丧失了对信息安全威胁应有的敏感性和快速响应。2013 年调查数据显示，英国 74%的信息安全事件与内部员工相关[14]；同年，国内调查数据表明，81%的企业信息安全泄密类问题发生在体系内部（内部人员过失泄密或主动窃密），由外部黑客攻击、系统漏洞、病毒感染等问题带来的信息泄密案例，仅有 12%；内部体系造成的泄密损失是黑客攻击的 16 倍，是病毒感染的 12 倍[15]。2015 年的调查数据发现内部人员导致的信息安全事件较 2014 年增加 22%[3]。信息安全问题已不仅仅是单纯的 IT 技术问题，更涉及组织对员工的行为管理层面。越来越多的研究人员和企业实践认同组织员工的内部威胁已经超越外部威胁成为信息安全事件的首要诱因[16]，行为安全同样是信息安全管理的重要组成部分。

1.1.2 对员工行为的约束与引导是实现行为安全的关键

企业高层推行信息系统安全政策及安全教育培训和意识项目（security education, training and awareness, SETA）来规范员工的信息安全行为的做法已被广泛应用于国外企业的信息安全实践。信息系统安全政策以正式制度的形式表明了组织对于信息安全的立场和态度，是安全决策制定和实施的基础[17]。2015 年数据显示，98%的英国大型企业和 60%的中小型企业都制定过信息系统安全政策文件[8]。安全教育培训和意识项目则致力于提高员工的信息安全意识和道德水平，并明确员工对于威慑严重性和确定性的认知[18]，从而提升用户遵守信息系统安全政策的意愿并确保安全解决方案的使用[19]。2015 年，英国企业用于员工培训的信息安全投资比例达到 26%[8]，针对员工开展安全意识培训的大型企业比例由 58%（2013 年）上升至72%（2015 年）。然而，员工对信息系统安全政策的认可与遵守并没有达到组织期望的程度。2011 年调查数据显示，国内超过七成的员工承认他们在绝大多数的工作时间内不会遵守信息系统安全政策的规定，尽管 36%的员工意识到他们应该对信息安全负主要责任[20]。

遵守信息系统安全政策是保障企业信息资产安全的前提。挖掘影响员工遵守信息系统安全政策的关键要素，并揭示其作用机制，是当前企业行为安全管理的瓶颈问题，也是当前行为学视角下信息安全研究的重要课题。现有研究发现理性选择[21]、中和技术[22, 23]、心理抗拒[24]、威慑[25]、低自我控制[26, 27]是员工违背信息系统安全政策的重要原因，同时也揭示了道德[28]、自我效能[29]、主观规范[30]等对于员工遵守信息系统安全政策的关键性作用。然而，当前研究大多是基于犯罪学、心理学、健康护理学等领域理论的探讨，这些理论被应用到信息安全行为学研究中或多或少会存在理论应用适配性的问题。另外，当前研究存在诸多不一致的研究结论，如基于威慑理论进行的探讨得出了互相矛盾的研究结论[31]。这些研究结论在一定程度上阻碍了信息安全实践，也为后续研究提供了空间。同时，组织中涉及员工行为的信息安全问题是组织行为学的研究范畴，然而组织行为学相关的理论较少地被应用于探讨信息安全行为。

1.1.3　信息安全战略的提出为中国行为安全研究提供新契机

近年来，信息安全上升为国家战略，国家出台了《工业和信息化部关于加强电信和互联网行业网络安全工作的指导意见》等指导文件，并通过设立国家网络安全宣传周等活动，推动全社会对信息安全的重视，从国家政策和氛围层面为信息安全提供了强有力的导向支持。然而，中国内地及香港作为全球信息安全事件的高发区，客户资料泄露、员工身份盗用、数据损坏和丢失等信息安全问题的发生比例逐年递增，而这些信息安全事件的发生有 37% 源自员工的不当操作[2]。近年来诸如电信内部员工泄露用户隐私[1]等信息安全事件的频频发生，突显出企业在信息安全行为管理上的薄弱与乏力。尽管有七成受访企业认为信息安全应该引起高度重视，然而 57% 的安全从业者并未参加过相关的信息安全培训，平均接近三成的中小型企业尚未配备信息安全团队，并缺乏信息安全投入[4]。国内企业面临的信息安全形势非常严峻。

企业信息安全管理体系的构建，离不开安全技术的基本保障和制度流程的安全控制，还需要在信息资源的使用过程方面对员工进行规范和引导。国内对信息安全的研究过度集中于探讨技术层面的安全解决方案[32]，从行为学视角探讨如何约束和引导员工的信息安全实践是组织和学界当前亟须解决的难点问题。基于以上分析，将对中国情境下组织员工的信息安全行为影响要素进行探讨，是对信息安全行为研究的重要完善和补充，也是对本土化信息安全行为研究的有益探索。

1.2　研究范畴

1.2.1　相关概念

信息安全领域出现了大量的专有名词。2005 年制定的 GB/T 19715《信息技术

信息技术安全管理指南》国家标准中使用"IT 安全"的概念，并将其定义为"与定义、获取和维护保密性、完整性、可用性、可核查性、真实性和可靠性有关的各个方面"。该概念的提出在具体内涵上存在细节性的差异，然而本质上与信息安全的概念是一致的。此外，在一些政策性文件中还出现了"网络安全"，如中央网络安全和信息化领导小组使用了"网络安全"的名称。尽管存在名称上的不一致，但是在实际的研究中，这些概念涵盖在信息安全的大范畴之内，研究中也不再进行细分。

　　另外，von Solms 和 van Niekerk[33]将赛博安全（cyber security，CS）与信息安全进行了对比，认为两者最关键的区别在于赛博安全更加关注信息交互过程中的人、社会或国家的利益，如网络欺凌（cyber bulling）、家庭自动化（home automation）、数字媒体（digital media）和网络恐怖主义（cyber terrorism），其中涉及了诸如非信息性资产（non-information based assets），如智能家居被入侵可能会造成人身或财产伤害，影视音乐等媒体资源的盗版传播等会造成正版用户的损失。赛博安全关注在信息和通信技术（information and communication technology，ICT）被广泛应用的情境下所带来的全新信息安全挑战，即 ICT 的采纳产生的非信息性资产受到威胁。林润辉等[34]在此基础上将信息系统看作一种重要的 ICT，探讨信息安全、信息系统安全和赛博安全之间的关系，如图 1.1 所示。

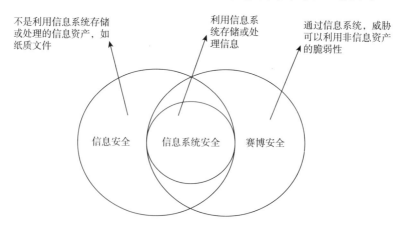

图 1.1　信息安全、信息系统安全和赛博安全的关系

　　本书对信息安全的探讨不涉及非信息资产。尽管 Cheng 等[35]在其研究中探讨了员工非授权阅读纸质机密文件的违规情境，但是现有研究更加关注信息系统相关的安全问题。据此，将重点探讨信息系统安全，即使用信息系统作为信息存储和处理介质，在对信息、信息系统及相关存储设备和应用程序等信息资产进行操作的过程中所产生的安全风险。

1.2.2 信息安全行为的分类

组织员工的信息安全行为（information security behaviors of employees，ISBE）是指组织中的员工在面对或使用组织中的信息资源（软硬件、数据、机密文件、资料等）时所采取的行为，如针对信息的保护性行为（安装防病毒软件）或破坏性行为（偷窃、泄密等）。信息安全行为领域的研究针对安全相关的行为并未形成统一的分类标准[36]，本书探讨两种类型的行为。

1. 信息系统安全政策遵守行为

信息系统安全政策遵守行为是指员工在日常工作中按照组织信息系统安全政策的规定使用信息系统和信息资源的全部活动。例如，按照要求设置强密码、定期更新安全补丁、使用安全防护软件等。遵守信息系统安全政策的规定是保障企业信息资产安全的前提。探讨影响员工遵守信息系统安全政策的关键要素，并揭示其关键作用机制，是当前企业行为安全管理的瓶颈问题，也是当前行为学视角下信息安全研究的重要课题。本书的第 3 章和第 4 章针对信息系统安全政策遵守行为进行探讨。

2. 信息系统安全政策违背行为

信息系统安全政策违背行为是指员工忽视或违反信息系统安全政策的行为。该行为可能是员工的意识性行为或无意识行为，对信息资产安全带来实际损失或潜在性风险。已有研究中出现频率较高的五类消极信息安全行为，即计算机（或信息系统）滥用/误用（computer/IS misuse/abuse）、不道德的计算机使用（unethical computer using behavior）、非恶意安全违规行为（nonmalicious security violations）、互联网滥用/非工作相关的上网行为（internet abuse/non-work-related computing）和信息安全疏漏行为（information security omission behavior/knowing-doing gap）实质上都涉及对信息系统安全政策的违背，故统一归类为信息系统安全政策违背行为。五类消极信息安全行为的含义及示例如表 1.1 所示。

表 1.1 消极信息安全行为含义与示例

行为及类别	含义	示例
计算机（或信息系统）滥用/误用	员工非授权或故意滥用组织信息系统资源（如软硬件/数据和计算机服务等）的行为	使用盗版软件、非法访问数据、未经授权修改数据等
不道德的计算机使用	员工对对计算机或者信息系统的不恰当的使用行为	未经授权拷贝软件和数据等
非恶意的安全违规行为	员工出于非主观恶意的目的实施违规行为	在便签上记录密码、设置简单密码等
互联网滥用/非工作相关的上网行为	员工在工作场所出于个人目的而使用互联网的行为	通过社交媒介聊天、浏览无关网页等

续表

行为及类别	含义	示例
信息安全疏漏行为	员工意识到信息安全风险但无视信息系统安全政策的行为	从未更换密码、不升级系统补丁、不进行备份数据等

注：根据文献[36]的研究整理和修改

组织行为学在探讨员工行为的时候不仅仅关注正面的积极行为，还关注消极的反生产行为或非伦理行为，以了解员工不合作或者不作为表现的背后动机与原因。消极的员工组织行为不仅违背组织的价值取向和规章制度，还可能会对企业绩效及声誉造成不同程度的损害，甚至为企业带来某些潜在的风险。类似地，信息系统安全政策遵守行为与信息系统安全政策违背行为不能简单地看作同一个问题的正、反两个方面。就现有的研究结论来看，解释遵守行为的要素往往不能够用于解释违背行为，有必要对这两种行为背后的形成机理分别做出各自的探讨。对信息系统安全政策遵守行为的探讨有助于了解员工对于信息安全的基本态度和认知，而对于信息系统安全政策违背行为的探讨则有助于反映当前组织信息安全管理中的疏漏与不足。两者相互补充，共同为企业的信息安全管理实践提供全面理解。第5~7章针对信息系统安全政策违背行为进行研究。

1.2.3　研究对象选择

本书针对企业中的员工开展信息安全行为学研究，研究中涉及的变量及其测度都是基于个体层面。研究对象定位于实行了信息系统安全政策的企业中的普通员工，而不仅仅局限于IT支持部门的特定员工或高层管理者。这是因为绝大多数的普通员工都涉及并参与信息资源的使用，是执行信息系统安全政策和履行信息安全义务的实施主体。他们对信息系统安全政策的违背将对组织带来不同程度的潜在风险或实质性危害。普通员工的信息安全行为能够在更广泛的层面上反映出企业信息安全管理中的潜在问题。

数据样本的采集对象同样选择普通员工。有学者认为在组织心理学和行为学研究中采用学生样本得到的研究结论和采用员工样本得到的结论并无本质性差别[37]。考虑到高校学生具有较强的信息系统或计算机使用技能和工作伦理意识，Lee等[38]采用学生样本对互联网滥用行为进行了探讨。然而，现有的绝大多数信息安全行为学研究文献均采用具有实际工作经验的员工抽样样本，本书遵循大多数研究的采信方法。

1.2.4　研究行业选取

已有研究对于行业或者企业性质没有特别的区分。除去某些专注于特定行业的信息安全参与行为研究之外，如 Warkentin 等[39]专门探讨医疗情境下的信息系统安全政策遵守行为，绝大多数的研究并没有限制特定的行业。本书的资料来源涉及金融、医疗、教育、互联网、政府、媒体、房地产、交通等多个行业。尽管不同行业对待信息安全的紧迫性和认识态度存在差异，但是信息安全的确是各行业普遍面临并且需要特别关注与解决的重要议题。因此，本书中提及的"组织"、"企业"或"单位"等称谓均不限制行业。在数据收集中也尽可能使样本来源于更多的行业，以反映各行各业对于信息安全的真实态度与普遍观点，使得研究结论具有更强的普遍性意义和实践推广可能性。

1.3 研 究 内 容

针对企业员工的信息系统安全政策遵守行为、信息系统安全政策违背行为，以及违规行为的一个特例，即互联网滥用行为进行实证研究。

1.3.1 组织控制与信息系统安全政策遵守行为：面子需求倾向的调节作用

在组织控制框架的基础上，探讨组织正式控制机制和非正式控制机制对于约束员工遵守信息系统安全政策的关键性作用。其中，组织正式控制机制由奖励激励和组织威慑构成。两者在已有的信息安全行为学文献中已有涉及，但现有研究对组织威慑的作用持有争议[31]，诸多研究没有发现或部分验证组织威慑与信息系统安全行为之间的直接性关联[40-42]。同样地，奖励激励被认为是正向强化员工遵守信息系统安全政策的重要举措，然而实证研究尚未发现两者之间的关联性证据。非正式控制机制着重探讨面子需求倾向对员工遵守信息系统安全政策行为意愿的作用。面子是中国文化情境中的重要概念，对于员工从事与大众认可的社会规范相一致的行为有着重要的激励作用[43]。已有研究发现不同国别文化情境下的研究结论往往不同[44]，特别是儒家文化情境下基于面子需求的员工的思维模式和行为方式与西方文化情境下存在一定程度上的差异性，由此对控制机制的探讨不能脱离当前文化情境。由此，主要探讨以下研究问题。

（1）基于奖励激励的组织正式控制机制是否有助于强化员工遵守信息系统安全政策的意愿？

（2）以面子需求倾向为内容的非正式控制机制如何对员工遵守信息系统安全政策的意愿起作用？

（3）两种控制机制之间是否存在交互效应？两者如何交互作用于员工遵守信息系统安全政策的意愿？

1.3.2　直接领导、结果期望与威慑对信息系统安全政策遵守意愿的作用研究

在组织中，直接领导与员工在日常工作中有较多的接触与交流的机会。他们对员工的态度及行为形成都可能产生重要的影响。而这种影响也会体现在员工对信息系统安全政策的遵守行为中。基于社会认知理论和威慑理论，来检验直接领导、员工的自我效能信念、与个人相关结果预期、与组织相关结果预期、感知惩罚确定性和感知惩罚严重性等因素对员工信息系统安全政策遵守行为的影响。本章主要研究两个方面的问题。

（1）在员工形成对信息系统安全政策的遵守行为时，直接领导对其有怎样的影响？

（2）社会认知要素对员工信息系统安全政策的遵守行为产生怎样的影响？

1.3.3　道德推脱与信息系统安全政策违背意愿的关系研究：以组织伦理氛围为调节变量

尝试整合道德推脱理论和组织伦理氛围（organizational ethical climate，OEC）理论，探讨员工道德认知失调引发的信息系统安全政策违背行为意愿的诱发机制及其矫正。信息系统安全政策违背行为有违组织伦理，且已有研究发现员工会通过将自身的不道德行为与内在道德调节机制进行剥离，逃避自身道德谴责继而"合理地"实施信息系统安全政策违背行为[45]。然而，尚未有研究探讨如何规避或者矫正道德推脱的消极作用。社会学习理论认为个体行为是自身内在驱动与外在环境共同作用使然。由此，引入组织伦理氛围，并尝试揭示如下研究问题。

（1）员工的道德推脱是否及如何诱发违规意愿？

（2）组织伦理氛围同样是多维变量，主要包含关怀导向型组织理论氛围（caring-oriented OEC）、法律法规导向型组织理论氛围（law-and-rule-oriented OEC）、独立导向型组织理论氛围（independence-oriented OEC）和工具导向型组织理论氛围（instrumentalism-oriented OEC），由此，上述氛围是否可以并且如何作用于道德推脱策略及其引发的违规行为？

1.3.4　社会纽带、社会压力与威慑对员工违背信息系统安全政策的影响研究

已有针对违规行为的探讨致力于通过威慑机制对员工的行为进行约束，而忽视了非正式控制机制的关键作用。员工对组织的承诺（commitment）、依恋（attachment）、参与（involvement）和信念（belief），以及员工在工作场所感受

到的规范压力与同事行为的引导作用同样可以对员工自身的信息安全行为产生关键性的影响作用。然而，尚未有研究开展非正式控制机制对于违规行为的矫正机制的探讨。整合社会纽带理论（social bond theory，SBT）、威慑理论和社会压力要素，重点探讨如下问题。

（1）社会纽带作为非正式控制机制对于违规行为意愿产生怎样的影响作用？

（2）社会压力作为非正式控制机制对于违规行为意愿产生怎样的影响作用？

（3）在非正式控制机制作用下，威慑对于违规行为意愿的影响作用如何？

1.3.5　基于中和技术和理性选择的互联网滥用行为意愿研究

互联网滥用行为是一类特殊的信息系统安全政策违背行为，该行为往往不是出于恶意目的，却在降低工作效率和浪费企业信息资源的同时，给企业带来潜在的信息安全威胁或实际风险。由此，如何遏制互联网滥用行为，规范网络使用制度对企业来说至关重要。然而，尚未有研究关注过诱发互联网滥用行为的关键动机要素及其治理机制。犯罪学中的中和技术理论为员工实施违规行为提供了一系列的借口，从而员工可以借助这些借口来"合理化"自身的滥用行为，以达到规避道德的约束作用。但是中和技术理论是否是诱发员工滥用互联网的关键原因尚未被证实。此外，基于利弊分析的外部动机同样可能对员工的滥用行为提供解释。由此，整合中和技术理论和理性选择理论（rational choice theory，RCT），探讨如下研究问题。

（1）员工使用中和技术是否会增加其滥用互联网的行为意愿？

（2）基于风险、成本与利益的理性衡量是否对员工滥用互联网的行为意愿产生影响？作用机制如何？

1.4　内容与结构安排

采用基于问卷调研和统计学分析的实证研究方法对研究内容进行探究。遵循实证研究的基本范式，从企业的信息安全管理实践和当前行为学视角下的企业信息安全行为管理文献中提炼研究问题，根据研究问题进行文献的分析与归纳，梳理当前研究中关于信息系统安全政策遵守行为和违背行为的相关研究，并依据理论基础构建研究模型。通过严谨的量表设计和问卷编制，获取调查数据，结合 PLS 方法的结构方程模型方法，对研究模型和假设进行检验。针对检验结果，分析和解释影响两种行为的关键要素和因果关系，并以此为基础归纳研究结论、研究贡献和管理启示。技术路线如图 1.2 所示。

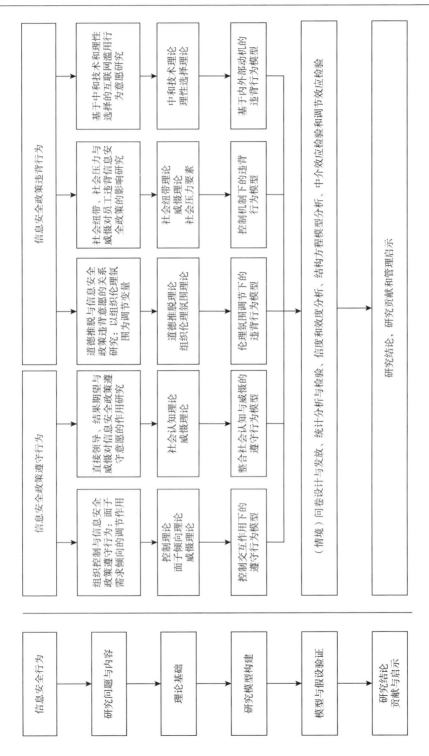

图1.2　技术路线

全书的篇章结构安排如下。

第 1 章是绪论。介绍研究背景和意义，提出研究问题，界定研究范畴，以及细化研究内容。

第 2 章是文献回顾。概述信息安全管理的基本概念与内容，重点阐述行为信息安全的重要研究观点、结论与现状，为后续研究内容的展开提供必要的背景理解和文献基础。

第 3 章至第 7 章是核心内容，在文献分析的基础上，结合理论基础，提出研究假设并建立研究模型，随后采用实证研究进行验证。其中，第 3 章和第 4 章针对员工信息系统安全政策遵守行为进行探讨。第 3 章揭示组织控制下的奖惩机制、面子需求与信息系统安全政策遵守行为意愿间的关系；第 4 章从社会认知和威慑视角揭示结果期望、自我效能和威慑对于信息系统安全政策遵守行为意愿间的作用机制。

第 5 章至第 7 章针对员工信息系统安全政策违背行为展开研究。其中，第 5 章从伦理管理的视角，探讨道德推脱、组织伦理氛围与信息系统安全政策违背行为意愿间的关系；第 6 章整合社会纽带、社会压力和威慑理论，揭示正式和非正式控制机制对于违规意愿的关键作用；第 7 章探讨信息系统安全政策违背行为的一个特例，即互联网滥用行为，揭示中和技术对互联网滥用行为意愿的诱导作用，以及理性选择对滥用意愿的关键作用路径。

1.5　小　　结

人们偏重于依靠技术手段，如加密技术、身份认证与攻击防护等来保障信息安全。然而，仅仅依靠技术手段和安全产品难以在复杂多变的人机系统环境下保障信息资产的安全。行为信息安全是信息安全管理体系的重要组成[5]，对信息资产使用者的行为刻画及其成因和对策分析，有助于理解信息资产如何被使用，从而为组织策略的制定提供支持与指引，提升信息安全管理的有效性。即在行为信息安全管理的范畴内，尝试对信息系统安全政策遵守行为和信息系统安全政策违背行为进行探讨。研究结论对于企业信息系统安全政策的制定与完善、信息安全培训与教育体系的建立和发展有积极的理论指导意义与实践借鉴性。

参 考 文 献

[1] 普华永道. BIS Cyber Security Breaches Survey 2013 Results[R]. https://dm.pwc.com/HMG2013 BreachesSurvey/，2014.

[2] 普华永道. 保卫昨天，2014 年全球信息安全状况调查[R]. http://www.hit180.com/wp-content/ uploads/2013/12/GSISS_2014_CN_final.pptx，2013.

[3] 普华永道. Turnaround and Transformation in Cybersecurity[R]. http://www.pwc.com/sg/en/publications/global-state-of-information-security-survey.html，2015.

[4] 晓忆. 国内首个 CTO 企业信息安全调查报告[R]. http://netsecurity.51cto.com/art/201511/ 496163.htm，2015.

[5] 沈昌祥，张焕国，冯登国，等. 信息安全综述[J]. 中国科学，2007，37（2）：129-150.

[6] Dinev T，Goo J，Hu Q，et al. User behaviour towards protective information technologies：the role of national cultural differences[J]. Information Systems Journal，2009，19（4）：391-412.

[7] Herath T，Chen R，Wang J，et al. Security services as coping mechanisms：an investigation into user intention to adopt an email authentication service[J]. Information Systems Journal，2014，24（1）：61-84.

[8] 普华永道. 2015 Information Security Breaches Survey[R]. https://www.gov.uk/government/publications/information-security-breaches-survey-2015，2015.

[9] Colwill C. Human factors in information security：the insider threat—who can you trust these days？[J]. Information Security Technical Report，2009，14（4）：186-196.

[10] Herath T，Rao H R. Encouraging information security behaviors in organizations：role of penalties，pressures and perceived effectiveness[J]. Decision Support Systems，2009，47（2）：154-165.

[11] Zhang J，Reithel B J，Li H. Impact of perceived technical protection on security behaviors[J]. Information Management & Computer Security，2009，17（4）：330-340.

[12] D'Arcy J，Greene G. Security culture and the employment relationship as drivers of employees' security compliance[J]. Information Management & Computer Security，2014，22（5）：474-489.

[13] Workman M，Bommer W H，Straub D W. Security lapses and the omission of information security measures：a threat control model and empirical test[J]. Computers in Human Behavior，2008，24（6）：2799-2816.

[14] 普华永道. Information Security Breaches Survey 2013：Technical Report[R]. https://www.gov.uk/government/publications/information-security-breaches-survey-2013-technical-report，2013.

[15] 大数据时代的企业信息安全隐患需有效预防[N]. http://tech.huanqiu.com/cloud/2014-07/505 1021.html，2014.

[16] Padayachee K. Taxonomy of compliant information security behavior[J]. Computers & Security，2012，31（5）：673-680.

[17] Whitman M E. Enemy at the gate：threats to information security[J]. Communications of the ACM，2003，46（8）：91-95.

[18] Straub D W，Welke R J. Coping with systems risk：security planning models for management decision making[J]. Mis Quarterly，1998，22（4）：441-469.

[19] Siponen M T. On the role of human morality in information system security[A]//Qing S H，Eloff J H P. Information Security for Global Information Infrastructures[C]. Berlin：Springer，2000：401-410.

[20] Cisco. 2011 Cisco Connected World Technology Report[R]. http://www.cisco.com/c/dam/en/us/ solutions/enterprise/connected-world-technology-report/2011-CCWTR-Chapter-3-All-Finding. pdf，2011.

[21] Vance A，Siponen M T. IS security policy violations：a rational choice perspective[J]. Journal of

Organizational and End User Computing，2012，24（1）：21-41.

[22] Siponen M T，Vance A. Neutralization：new insights into the problem of employee systems security policy violations[J]. MIS Quarterly，2010，34（3）：487-502.

[23] Cheng L，Li W，Zhai Q，et al. Understanding personal use of the internet at work：an integrated model of neutralization techniques and general deterrence theory[J]. Computers in Human Behavior，2014，38：220-228.

[24] Lowry P B，Posey C，Bennett R J，et al. Leveraging fairness and reactance theories to deter reactive computer abuse following enhanced organisational information security policies：an empirical study of the influence of counterfactual reasoning and organisational trust[J]. Information Systems Journal，2015，25（3）：193-273.

[25] Guo K H，Yuan Y. The effects of multilevel sanctions on information security violations：a mediating model[J]. Information & Management，2012，49（6）：320-326.

[26] Hu Q，Xu Z，Dinev T，et al. Does deterrence work in reducing information security policy abuse by employees？[J]. Communications of the ACM，2011，54（6）：54-60.

[27] Hu Q，West R，Smarandescu L，et al. Why individuals commit information security violations：neural correlates of decision processes and self-control[C]. Proceedings of the 47th Hawaii International Conference on System Sciences，2014.

[28] Li H，Zhang J，Sarathy R. Understanding compliance with internet use policy from the perspective of rational choice theory[J]. Decision Support Systems，2010，48（4）：635-645.

[29] Ifinedo P. Understanding information systems security policy compliance：an integration of the theory of planned behavior and the protection motivation theory[J]. Computers & Security，2012，31（1）：83-95.

[30] Siponen M T，Mahmood M A，Pahnila S. Employees' adherence to information security policies：an exploratory field study[J]. Information & Management，2014，51（2）：217-224.

[31] D'Arcy J，Herath T. A review and analysis of deterrence theory in the IS security literature：making sense of the disparate findings[J]. European Journal of Information Systems，2011，20（6）：643-658.

[32] 惠志斌. 国内信息安全研究发展脉络初探——基于1980-2010年CNKI核心期刊的文献计量与内容分析[J]. 图书情报工作，2012，56（6）：14-19.

[33] von Solms R，van Niekerk J. From information security to cyber security[J]. Computers & Security，2013，38：97-102.

[34] 林润辉，李大辉，谢宗晓，等. 信息安全管理理论与实践[M]. 北京：中国质检出版社，中国标准出版社，2015.

[35] Cheng L，Li Y，Li W L，et al. Understanding the violation of IS security policy in organizations：an integrated model based on social control and deterrence theory[J]. Computers & Security，2013，39：447-459.

[36] Guo K H. Security-related behavior in using information systems in the workplace：a review and synthesis[J]. Computers & Security，2013，32：242-251.

[37] Locke E A. Generalizing from Laboratory to Field Settings：Research Findings from Industrial-Organizational Psychology，Organizational Behavior，and Human Resource Management[M]. Lexington：Lexington Books，1986.

[38] Lee S M，Yoon S N，Kim J. The role of pluralistic ignorance in internet abuse[J]. Journal of

Computer Information Systems, 2008, 48 (3): 38-43.

[39] Warkentin M, Johnston A C, Shropshire J. The influence of the informal social learning environment on information privacy policy compliance efficacy and intention[J]. European Journal of Information Systems, 2011, 20 (3): 267-284.

[40] Li H, Sarathy R, Zhang J. Understanding compliance with internet use policy: an integrative model based on command-and-control and self-regulatory approaches[C]. Proceedings of the International Conference on Information Systems, 2010.

[41] Son J Y. Out of fear or desire? Toward a better understanding of employees' motivation to follow IS security policies[J]. Information & Management, 2011, 48 (7): 296-302.

[42] Xue Y, Liang H, Wu L. Punishment, justice, and compliance in mandatory IT settings[J]. Information Systems Research, 2011, 22 (2): 400-414.

[43] Chu R L. Face and achievement: the examination of social oriented motives in Chinese society[J]. Chinese Journal of Psychology, 1989, 31 (2): 79-90.

[44] Hovav A, D'Arcy J. Applying an extended model of deterrence across cultures: an investigation of information systems misuse in the US and south korea[J]. Information & Management, 2012, 49 (2): 99-110.

[45] D'Arcy J, Herath T, Shoss M K. Understanding employee responses to stressful information security requirements: a coping perspective[J]. Journal of Management Information Systems, 2014, 31 (2): 285-318.

第 2 章　信息安全行为研究现状

2.1　信　息　安　全

信息安全被定义为保证信息的保密性（confidentiality）、完整性（integrity）和可用性（availability）[1]。该定义囊括了信息安全的三大基本属性（CIA）。保密性是指信息不泄露给未授权的个体、实体或过程。完整性包括数据完整性（data integrity）和系统完整性（system integrity）。前者是指数据未经授权方式修改或破坏的特性；后者是指系统以不受损害的方式执行其预定功能，避免对系统故意地或意外地进行未授权操纵的特性。可用性是指已授权实体一旦需要就可访问和使用的特性。

此外，相对于 CIA 属性得到一致认可，信息安全在特定的情境下还会要求下述属性：可核查性（accountability）是确保可将一个实体的行动唯一追踪到此实体的特性；真实性（authenticity）即确保主体或资源的身份是所声称身份的特性；可靠性（reliability）是与预期行为和结果相一致的特性；可控性（accountability）是对信息资产使用主体的控制；不可否认性（non-repudiation）是能够证明所声称的事件或活动的发生及其初始主体，即使用者对于信息资产的使用要做到有据可查。

信息安全概念及其内涵的延伸经历了从通信保密到信息保障（information assurance，IA）的发展历程。20 世纪 40 年代，信息安全着重探讨保护数据传递的安全性，即通信保密。该阶段强调通过数据加密等密码学技术来防范在计算机使用过程中产生的诸如窃听、密码破译等信息安全风险，以确保军事数据及政府机密在远距离传递过程中不被非授权的第三方截获，以此来保障信息内容的真实可靠。

20 世纪 70 年代，随着数据库和信息系统的出现与应用，计算机安全（computer security，COMPSEC）受到关注。该阶段的核心研究关注信息系统安全模型和制定安全评估准则，主要目标在于通过访问控制技术保障数据的完整性和可用性，防止非授权用户对计算机数据的使用、非法篡改或破坏。

20 世纪 90 年代，数字化概念的提及及互联网、电子商务等在个体消费者层面的普遍应用，使得信息安全成为安全探讨的重要内容。该阶段除了要保障信息的完整与可用之外，还强调通过检测、记录和应对安全风险的措施，即通过引入诸如防火墙、公钥技术等信息安全防护技术来保障信息的可控性、不可否认性和可核查性。

20 世纪末 21 世纪初，信息和信息系统遭受的黑客和网络病毒等外部攻击日益增多，依赖单一技术手段难以形成对信息和信息系统的全方位动态保护，信息保障成为信息安全的重要议题。信息保障是保护和防御信息及信息系统，确保其可核查性和不可否认性等特性，从政策、防护、监测、响应和恢复五个环节探讨信息安全。政策作为模型的核心要素统筹了需要保障的信息资产类型及具体应对方案；防护是通过安全技术提升信息系统的防御和应对能力，同时强调对操作人员的安全培训；监测关注系统安全的动态能力，通过监测工具主动发现安全风险；响应则是在检测到安全风险时及时有效的应急响应和恢复处理能力；恢复通过备份、数据修复来实现。

信息安全在各阶段所面对的安全风险和要求不尽相同，因此，在应对措施和关注层面上也有所差异，如表 2.1 所示。前三个阶段的信息安全本质上是通过规避风险来对信息安全问题进行响应；而信息保障阶段则是强调对信息安全风险的前瞻性预判及遭受破坏后的恢复能力，以便可以及时发现风险并及时响应。

表 2.1 信息安全发展阶段

阶段	安全风险/威胁	应对措施
通信保密阶段	数据窃听、解密	加密技术
计算机安全阶段	非授权访问、数据破坏	访问控制技术
信息安全阶段	网络入侵、病毒程序、IS/NET 设计缺陷	安全防御工具、PKI（public key infrastructure，即公钥基础设施）、VPN（virtual private network，即虚拟专用网络）等
信息保障阶段	恶意攻击、意外损失、信息战等	全方位动态管理体系

2.2 信息安全管理

信息安全管理（information security management，ISM）对组织绩效有着战略性意义。信息安全管理是有效应对组织中的信息安全威胁和风险的系统化过程，通过应用适当的物理、技术或操作安全控制手段来保障信息资产的安全，并达成商业目标[2]。信息安全管理实施的主要目的在于调解信息安全与组织其他要素之间的矛盾，如商业活动与安全目标之间的冲突、个体行为与安全流程之间的冲突等[3]，在保护数据的保密性、完整性和可用性的同时减缓或避免对信息的威胁与风险[4]。

2.2.1 信息安全行为管理的提出

沈昌祥等[5]认为信息安全是包含信息设备安全、数据安全、内容安全和行为安全的体系。其中，设备安全、数据安全和内容安全是从技术和管理层面通过安全技术的使用及安全策略的实施来保障信息安全，而行为安全则是从人因视角探讨通过有效的人的管理来达到信息安全目标。类似地，Werlinger 等[6]从人、管理和技术三个层面归纳了信息安全管理中所面临的 18 项挑战。Parakkattu 和 Kunnathur[7]认为有效的组织信息安全通常包含三个构件，即人、流程和技术。越来越多的研究开始关注信息安全管理中的人因要素，了解个体的行为动机及如何进行有效的人的管理活动来达成组织的信息安全目标是行为安全研究的重要议题。组织只有以安全目标和核心原理作为框架，在确保每个人清楚知道和理解各自的角色、职责及掌握了安全运作信息系统所需技能等前提下，才能确保标准、评测措施、实务和规程组成的安全与控制框架的有效性[8]。

人作为组织中信息资产的使用者，其对于信息安全技术的采纳和对于信息安全的态度直接决定了他们的信息安全行为。学界普遍认为组织内部员工造成的信息资产威胁已经远远超过黑客和竞争对手等外部威胁，人成为组织信息安全管理中最为薄弱的环节[9]。个体行为可能对组织的信息资产安全造成潜在的风险或巨大损失，如有意或无意地泄露密码给其他人，点击邮件中的钓鱼链接，以及在工作电脑上使用不熟悉的媒体介质，等等[10]。由此，信息安全管理必须重视对人的行为进行管理。

2.2.2 信息安全行为管理的举措

通过引入信息安全技术来解决相关的信息安全问题是信息安全管理的重要手段，如身份加密验证、安装防火墙、密码更换控制系统等对于抵御信息安全风险和应对信息安全攻击效果显著。同时，技术措施也有助于组织信息安全文化的营造[11~13]。例如，安全监控技术（跟踪员工的互联网使用、查阅计算机活动日志、实施安全审计等）的应用可以看作组织中的基本道德标准或安全规范的信号[12]，同时可以转变员工对信息系统安全政策的威慑力认知[14]。然而，信息安全技术的引入受到信息安全投资预算的制约[15]，同时信息安全的应用可能对企业绩效产生消极影响[16]，如自动的病毒扫描程序会拖慢计算机响应，甚至造成生产率下降。此外，信息安全技术也并非是全能解决方案，其难以全方位地为信息资产提供保护[17, 18]。有研究表明，一旦组织提供了相对完备的技术保护举措和其他的支持性措施，员工往往并不会向组织期望的那样实施积极的信息安全行为，反而是表现出更多的松懈或者不谨慎[19~21]。因此，不能单纯地依靠信息安全技术来达到规避信息安全风险的目的。

信息系统安全政策是组织正式颁行的政策性纲领，对信息安全所要实现的组织目标和员工需要承担的职责义务进行了明确界定[20]。信息系统安全政策的重要目的之一在于对员工使用信息资产的行为进行管理和引导，通常带有强制性[21]和威慑性[14]。从员工的角度来讲，信息系统安全政策对员工自身的权责义务有着清晰明确的说明，也就是说，信息系统安全政策对哪些行为可以被允许，以及哪些行为应该被严令禁止进行了明确的界定。有效的信息系统安全政策设计是信息系统安全政策发挥效力的重要途径。例如，通过使用趣味性的交流方式对组织条款进行表述，并使其与组织文化相辅相成[22]，从清晰性、完整性、一致性等方面提升信息系统安全政策的质量[23]，并注重构建政策公平[23]与合理[24]，等等。

提升员工的信息安全意识是最小化个体失误及最大化安全技术和流程效率的重要途径[25]。组织推行安全教育培训和意识项目致力于提升员工的信息安全意识和培养问题解决能力[26, 27]，培训实施的力度直接关系到对企业信息系统安全政策的理解和执行的效果[28]。Lafleur[29]认为安全意识计划应该从宣传和互动两个方面进行实施，通过广告、出版物等宣传活动引导员工对信息安全做出回应，并通过诸如会议、计划讨论等互动来对员工的信息安全行为做出导向。Albrechtsen 和 Hovden[30]发现通过对话、参与和集体反思的形式可以显著地提升安全培训的有效性；Puhakainen 和 Siponen[27]同样发现持续的沟通过程对于员工达成信息安全的重要作用，通过员工杂志或公告、管理评审等途径建立沟通渠道，鼓励员工反馈信息安全中的问题等方式应该成为信息安全培训的重要内容；Sannicolas-Rocca 等[31]还强调了安全知识转移机制在提升安全意识培训中的关键作用。此外，针对组织中不同角色的相关人员应该采取不同内容的培训方式[28]，如对于主管信息安全工作的高层负责人或各级管理人员的培训重点在于帮助其掌握和了解企业信息安全的整体策略、目标及体系构成；对于安全技术人员应该重点把握其对信息安全管理策略及技术运用等方面的理解程度；对于普通员工的培训应该明确其自身应该承担的信息安全职责，同时培养其信息安全习惯，协助他们了解信息安全策略，即操作规程。Kruger 和 Kearney[32]认为应该从员工知道什么（即知识）、他们对安全的感觉（即态度）和他们如何做（即行为）三个方面来测量信息安全意识培训的有效性。态度是信息安全实践开展的前提，即便是员工知道再多的信息安全条款和要求，如果不能认识到信息安全的重要性，也不会有后续的安全实施；知识的重要性体现为态度转化为行动提供了必要的实现条件，即通过相关知识和技能的培训与掌握增强员工处理安全问题的能力；员工对信息安全的积极态度和必备的知识技能只有通过安全行为的实施才能真正地带来信息资产的安全。由此，三个环节缺一不可。

此外，Chang 和 Lin[33]认为信息安全中的人为因素难以单纯通过技术和管理手段进行解决，而通过构建基于合作（cooperativeness）、创新（innovativeness）、一致（consistency）和有效（effectiveness）的组织文化有助于保障信息安全行为管理的执行。谢宗晓等[34]发现用户参与是提升信息安全管理有效性的重要途径。Tu[2]构建了组织信息安全管理的关键成功要素，包括业务一致性、组织支持（高层管理支持、资金或资源承诺、组织结构）、组织意识（员工意识与培训、信息安全文化）、IT 能力、安全控制（风险管理、安全政策执行、标准应用）和绩效评价。

2.3　信息安全行为研究

曾忠平等对信息安全人因风险进行了归纳和总结，认为管理层面的人因风险包括管理组织管理活动、规章制度建设、道德风险和人因失误等[8, 35]；风险来源层面包括内部风险和外部风险，其中内部风险来自员工的恶意攻击、操作失误、信息安全意识薄弱、不规范操作等，外部风险则包括来自黑客和社会工程学的恶意攻击等。Safa 等[36]认为员工的冷漠、无知、疏忽、恶作剧和对信息系统安全政策的对抗同样是引发信息安全事件发生的重要人因风险。以下从组织控制和自我管理两个层面对现有文献进行梳理。

2.3.1　"组织控制"视角下的信息安全行为

1. 组织威慑

犯罪学领域的威慑理论认为通过惩罚的确定性（certainty of sanction）、惩罚的严重性（severity of sanction）和惩罚的及时性（celerity of sanction）可以控制和管理人的行为，因为没有人希望受到惩罚[37]。也就是说，一旦人们认识到从事不被组织认可的行为受到惩罚的可能性较大、力度较强，或者组织会对实施这种行为的员工做出及时处罚时，他们将倾向于放弃实施这种行为转而从事符合组织要求的行为。信息安全行为研究更多关注于惩罚的确定性和惩罚的严重性。惩罚的公平性同样重要，员工惩罚越公平，越能驱动他们遵守信息系统安全政策[38]。此外，还有研究采用扩展的威慑理论，从正式威慑（formal sanction），包含威慑的确定性和严重性、非正式威慑（informal sanction）和羞愧（shame）的角度开展研究[39, 40]。

已有文献对于组织威慑的研究存在争议，争议主要有三个方面：①威慑本身的含义。信息安全行为研究领域认为威慑与惩罚、罚款（penalty）和监测（detection）的含义相近，很多研究将上述术语交替使用。②威慑维度的构成。基于扩展的威慑理论的研究对于非正式威慑含义的认识并不统一。Siponen 和 Vance 的研究均认为非正式威慑是朋友或同事伙伴对于指定行为的不赞同所带来的影响[39, 40]，而 Hovav 和 D'Arcy[41]则直接将道德信念等同于非正式威慑。此外，Guo 和 Yuan[42]的研究从组织威慑、工作组威慑和自我威慑三个层面对威慑进行了重新定义。③即便是相同研究情境下的研究结论同样存在争议，如 Herath 和 Rao[18, 43]发现仅有员工感知到的威慑的确定性对信息系统安全政策的遵守行为产生正向影响作用，而感知到的威慑的严重性不起作用。Son[24]的研究则认为感知到的威慑的可能性和严重性对信息系统安全政策遵守行为均不产生任何作用。表 2.2 归纳了信息系统安全行为研究领域涉及组织威慑的主要研究结论。

表 2.2　信息系统安全行为基于威慑的主要研究结论及差异

来源	基本变量	关键结论
信息系统安全政策遵守行为情境下的研究结论		
文献[24]	感知到的威慑的确定性	未发现两者与信息系统安全政策遵守行为意愿之间的关系
	感知到的威慑的严重性	
文献[18, 43]	处罚严重性	处罚严重性负向影响信息系统安全政策遵守意愿；监控确定性正向
	监控确定性	影响信息系统安全政策遵守意愿
文献[38]	惩罚期望	惩罚公平性正向影响 IT 遵守意图
	惩罚公平性	未发现惩罚期望与 IT 遵守意图间的关系
文献[44]	威慑严重性	威慑严重性正向影响信息系统安全政策遵守意愿
文献[45]	惩罚期望	惩罚期望正向显著影响员工的 IT 遵守行为
文献[46, 47]	威慑严重性	未发现处罚严重性与政策遵守意愿的关系
	监测可能性	监控确定性正向影响互联网安全政策遵守意愿
信息系统安全政策违背行为情境下的研究结论		
文献[40]	正式威慑、非正式威慑、羞愧	引入中和技术理论后，未发现三个变量与信息系统安全政策违背意愿之间的关系
文献[48]	威慑严重性、威慑确定性、威慑及时性	未发现二阶变量（威慑）和各一阶变量与计算机系统政策违背意愿之间的关系
文献[49]	威慑知觉	未发现威慑知觉与非恶意安全违背态度间的关系
文献[14]	威慑的严重性	威慑的严重性负向影响信息系统误用意愿
	威慑的确定性	未证实威慑的确定性与信息系统误用意愿的关系
文献[39]	正式威慑	未发现正式威慑与信息系统安全政策违背意愿的关系
	非正式威慑	非正式控制负向影响信息系统安全政策违背意愿
文献[41]	威慑严重性	美国情境：威慑严重性负向显著影响信息系统误用意图，未发现威慑
	威慑确定性	确定性与信息系统误用意图之间的关系；韩国情境：威慑确定性负向
	非正式威慑（道德信念）	显著影响信息系统误用意图，未发现威慑严重性与信息系统误用意图之间的关系；两文化情境：非正式威慑负向影响信息系统误用
文献[42]	组织威慑、工作组威慑、自我威慑	工作组威慑和自我威慑均负向影响违背信息系统安全政策意愿；未证实组织威慑与违背信息系统安全政策意愿间的关系

　　研究结论的差异表明组织威慑对于员工的信息安全行为并非总是有效[50]，很大程度上依赖于研究情境[51]、个人的道德水平[46, 37]和行为取向[40, 48]。D'Arcy 和 Herath[37]认为计算机自我效能、自我控制等个人因素，以及虚拟状态（virtual status）和员工职位（employee position）等情境因素是造成研究结论差异的重要原因。此外，林润辉等[52]通过实验揭示了违反代价在惩罚确定性和严重性与信息安全策略遵守意向之间的中介作用。尽管存在争议性结论，威慑机制依然被认为是组织正式控制的重要组成内容[44, 45]，探讨如何发挥组织威慑的关键性作用成为当前研究的热点。例如，Liang 等[45]基于调节定向理论（regulatory focus theory）认为个人的行为取向与趋利避害的动机相关，发现着眼于预防为主的人对失败、损失和惩罚非常敏感，为了避免可能的惩罚，他们会选择遵守制度。Siponen 和 Vance[40]与 Cheng 等[53]发现威慑对使用中和技术的员工失效，员工可以通过使用否认责任、否认伤害等中和技术进行辩解，以逃避组织处罚。Hu 等[48]则认为一旦从事违规行为带来的收益大于组织威慑产生的成本，人们将有违背信息安全的行为。

　　2. 理性选择

　　理性选择理论是关于人们如何平衡利益和成本以做出适合的决策的理论。理性选择理论被广泛应用于犯罪学研究领域，认为一旦从事犯罪行为获得的期望利益远大于实施成本，那么犯罪行为将会发生。信息安全行为研究往往将组织威慑看作成本，而奖励（实施违规行为所取得的收益）则被看作收益。奖励机制作为组织正式控制方式能有效培育员工的行为动机和绩效[44]，一旦员工从事了组织既定的行为或者达成了组织期望的结果，那么员工将得到奖励[21]。奖励措施实施的重要效果之一就是增加了政策的强制性[54]。如果制定了信息系统安全政策而没有采取相应的奖励措施来激励员工遵守，那么员工会认为这些政策并没有那么重要或者缺乏强制性。研究发现奖励能有效增加员工感知到的利益，进而影响员工遵守信息安全行为的态度[55]。

　　基于理性选择理论的研究揭示即便是具有一定的道德信念的员工，如果他们认为从事违规行为的收益大于成本，他们也将倾向于从事违规行为，组织威慑的作用将失效[39]。反之，如果遵守信息系统安全政策的收益远大于由安全风险和组织控制机制产生的不遵守成本，员工会倾向于选择遵守信息系统安全政策[46]。Ng 等[56]认为除了遵守收益和不遵守成本，员工遵守信息系统安全政策有可能会给工作带来一些不便，如有的员工按照政策规定使用强密码从而增加了记忆难度，由此产生的遵守成本也应该考虑在内。研究认为遵守利得、不遵守成本和遵守成本共同影响员工的遵守态度。Li 等[46]则证实不遵守行为所取得的收益，如工作时间从事非工作上网行为等，对信息系统安全政策遵守行为产生负向影响。Ng 等[56]发现感知到的利益对员工的计算机安全行为起正向预测作用。

3. 保护动机

保护动机理论（protection motivation theory）[57]提供了一个清晰的框架用以揭示恐惧诉求对个人生成保护动机所产生的影响作用。保护动机理论的主体框架包含两个部分：威胁评估和效用评估。个人之所以采取应对措施是基于威胁评估和效用评估的结果[18]。实质上保护动机理论是基于理性计算的认知过程，威胁评估包括对威胁可能性和严重性的判断（感知易损性和感知严重性），以及不采取措施或者继续经历这种风险可能会带来的好处的感知（收益）；效用评估则包括对哪种响应可以有效减少或者避免这种威胁的认知（响应有效性），以及应对这种威胁所需要的能力的认知（自我效能），当然还包括对响应这些措施或能力所耗费的成本认知（响应成本）。保护动机理论适合于探讨与风险相关的行为，实证发现威胁评估和效用评估能够显著影响员工遵守信息系统安全政策的意愿[17, 58]。具体来讲，感知易损性、感知严重性、响应有效性和自我效能对员工的信息系统安全政策遵守行为有正向显著影响，而收益和响应成本则产生负向影响作用[59]。Ifinedo[17]的研究结论则认为感知严重性对员工的信息安全遵守行为起负向作用，响应成本则不起作用，这可能是样本量的差异和外部影响等差异造成的。此外，Vance 等[59]的研究还发现习惯会影响员工对威胁和效用评估的认知过程，是影响个人认知的重要前因变量。

自我效能也经常被单独探讨。作为社会认知理论中的重要概念，自我效能在信息安全行为领域用来评估个人从事信息安全行为所具备的知识、技能、资源（如时间、金钱）等条件和能力。研究发现，计算机使用经验的积累和对风险可控性的认知能促进员工自我效能的增长，自我效能感高的员工倾向于从事安全实践[60]和采取安全预防措施[21]，他们愿意为了维护信息资产的安全而努力[60]，并倾向于保护组织隐私[61]和遵守信息系统安全政策[60, 62]。

4. 社会控制机制

社会规范（social norm），或社会影响（social influence[63]）被定义为一种为一群人所接受的用来引导和规范社会行为的规范或者标准，它没有法律的强制力[64]。已有文献探讨过四种类型的社会规范，即指令性规范（injunctive norm）、示范性规范（descriptive norm）、主观规范（subjective norm）和个人规范（personal norm）。其中，个人规范实质上就是个人的道德义务[46, 64]，将在个人属性因素中进行阐述。

指令性规范是指在给定的情境下个人对于周围大多数人对某行为赞成与否的感知；而示范性规范则是在给定的情境下个人对于他人如何行动的感知。指令性规范和示范性规范被证实能有效解释组织员工的信息系统安全政策遵守行为意图,解释度达到 65%[65]。此外,他人影响(peer influence)或者工作组规范(workgroup norm)也是文献中经常提及的概念,其与示范性规范的概念含义相近[18],指个人从事某行为与否取决于他仿照周围人行事的倾向。社会学习理论认为人们会通过观察模仿来学习彼此的行为,并在这个过程中产生一种社会压力迫使人们从事一致性的行为。人们总是会参照周围可见的一些惯例做法来行事,一旦大多数的重要他人都开始或者倾向于遵守信息系统安全政策,那么员工也会做出相同的行为。已有文献大量证实他人影响与信息系统安全政策遵守行为呈显著正向相关关系[43, 18],并且工作组规范对员工从事非恶意违规行为的态度有正向导向作用[49]。

主观规范是指在特定情境下个人是否执行某行为时感知到的来自重要他人的社会压力。一般情况下,主观规范会被默认为是一种符合组织利益的或者与组织既定目标具有一致性的一种认知。例如,如果周围的同事均从事信息安全行为,那么其他人也会仿照从事相同的行为。主观规范的建立依赖于规范信念,基于计划行为理论或理性行为理论框架的研究普遍证实主观规范能有效预测和解释员工的信息系统安全政策遵守行为意愿。然而,部分研究没有发现主观规范与遵守行为之间的关系[19],并预测这可能与组织中业已形成的负向规范(如互联网滥用习惯)有关。Dugo[66]的研究则进一步证实从事信息系统安全政策违背行为的主观规范越强烈,员工越倾向于产生违规意愿。Chen 和 Li[67]认为组织中主观规范的混乱与模糊是引发疏漏行为的重要原因,可能导致威慑机制的失效。

5. 组织文化与安全氛围

组织文化通过塑造员工价值观和加强组织承诺来引导员工从事符合组织期望的行为[68]。已有文献证实良好的组织文化对员工的信息系统安全政策遵守行为有直接的正向影响作用。Chang 和 Lin[33]将组织文化划分为合作性、创新性、一致性和有效性四个维度,探讨组织文化与信息安全行为管理的关系。结果发现灵活性的文化(合作性和创新性)与信息安全测度负相关或无关;而控制性文化(一致性和有效性)对信息安全的测度有显著的正向影响。

信息安全文化通常是指员工个体知觉到的存在于工作场所中同事之间共同认可的关于信息安全的信念和价值观。D'Arcy 和 Greene[11]认为以高层管理承诺、安全沟通和计算机监控为重要内容的信息安全文化是员工遵守信息系统安全政策的前提。Alkalbani 等[69]以管理承诺、责任和信息安全意识为主要内容构建信息安全文化,并揭示了信息安全文化对于电子政务情境下的信息安全遵守行为有着积极作用,其中社会压力正向调节责任与遵守之间的路径关系。Flores 和 Ekstedt[70]的研究揭示了信息安全文化在增强员工的信息安全意识和规范信念,以及态度塑造中的积极作用。

类似地，Chan 等[71]从同事交往、直接的监督和高层实践三个层面构建信息安全氛围，证实信息安全氛围对员工的信息系统安全政策遵守行为产生正向的显著影响。Goo 等[72]从高层管理重视、安全强制性（security enforcement）、安全政策和安全意识培训四个层面构建信息安全氛围，实证结果表明信息安全氛围对于信息系统安全政策遵守行为有正向影响作用，同时情感承诺和规范承诺在信息安全氛围与遵守意愿的路径关系中起完全中介作用，这表明信息安全氛围构建的一个重要意义在于强化员工产生对于组织的安全承诺。Yazdanmehr 和 Wang[73]认为伦理氛围通过授意组织成员他们应该做什么及他们被其他人期望做什么而形成一种强烈的社会规范，而这种认知对于信息系统安全政策相关的描述性规范（示范性规范）、主观规范和指令性规范有正向影响作用。

高层管理者是推动组织文化构建的重要推手。Puhakainen 和 Siponen[27]发现组织高层对信息安全行为的态度将显著影响员工对信息安全行为的态度，如果员工发现高层领导者对信息系统安全政策持消极态度，那么员工也会采取同样的应对方式并实施违规行为。而高层领导者态度的转变能大大改善员工遵守信息系统安全政策的态度和实践。Hu 等[68]认为高层管理者的参与是影响员工信息系统安全政策遵守行为的重要外部因素，是构建目标导向文化和规则导向文化的重要前提，同时证实组织文化对员工遵守态度有显著的正向影响。

6. 工作相关认知要素

组织承诺（organization commitment）是员工对于组织的认同和涉入程度。组织承诺高的员工会以此为内在的规范压力，从而驱使自己实现组织目标和利益。已有文献证实组织承诺高的员工几乎不会从事信息系统安全政策的违规行为。由此，组织承诺越高的员工越会选择遵守组织的信息系统安全政策[18, 72, 74]。

工作满意度（job satisfaction）是员工与工作有关的情感反应。根据社会交换理论，如果员工认为自己的工作贡献能够被组织重视和受到期望中的对待，他们将乐意从事这种行为并使组织获利。由此，工作满意度高的员工倾向于遵守组织的信息系统安全政策[74, 11]。

组织支持感（organization support）是指员工感知到的组织对员工个人贡献的价值的重视程度。组织支持感高的员工认为从事组织期望的行为将得到组织认可和奖励，由此员工愿意帮助组织达成目标并形成忠诚。然而，部分实证结果显示组织支持感却负向影响信息系统安全政策遵守行为[12]。Zhang 等[19]的研究同样发现组织提供的技术支持越完备，员工越容易对信息安全产生懈怠。

组织公平（organizational justice）是员工对于组织决策的过程和结果的公平性评价认知。Li 等[75]的研究发现分配公平和信息公平能够协助组织强化员工反对互联网滥用的伦理认知，同时过程公平和分配公平能够直接有效地增强员工遵守互联网使用政策的行为意愿。

除此之外，D'Arcy 等[76]发现安全相关的压力（security-related stress，SRS），如工作过载、信息安全任务的复杂性和信息系统安全政策的不确定性，将引发员工的道德推脱，继而导致信息系统安全政策违背行为的发生。

2.3.2　"自我管理"视角下的信息安全行为

1. 道德

道德理性（moral reasoning）是个人以道德为准绳进行行动决策的过程。道德通过一系列的被公认的观念和准则来强化个人的义务与责任，从而纠正违规行为和选择从事正确的道德行为。道德理性或道德信念（moral beliefs）能有效降低员工的信息安全违规意愿[39]，被认为是解释员工信息系统安全政策遵守行为的重要因素[77, 25]。信息安全文献中经常使用个人规范（personal norm）指代个人从事某行为的道德标准。Li 等[46]发现个人规范能够有效控制组织员工遵守互联网使用政策的意愿，同时对威慑作用的效果起到调节作用。Myyry 等[78]采用六阶段道德判断标准将人的道德理性划分为道德成规前期（preconventional level）、道德成规期（conventional level）和道德成规后期（postconventional level）三个阶段。处在道德成规前期阶段的人多为青少年或者不成熟的成人群体，他们的行为往往从个人利益出发，有着明显的趋利避害特征；大多数成年群体处于道德成规期阶段，他们会用组织制定的规章制度作为行动标准以符合自己的社会角色；而处于道德成规后期的群体已经将遵守组织规章制度看作一种内化的习惯性行为，他们会自觉地为组织考虑并从事安全行为。实证结果发现只有道德成规前期的理性与信息系统安全政策遵守行为呈显著正相关关系。

道德信念同样是解释信息系统安全政策违背意愿的重要变量，研究认为人们之所以不愿意从事违规行为并非出于对威慑的恐惧，而是从道德立场认识到这种行为的错误性。Hovav 和 D'Arcy[41]通过在韩国和美国两种文化情境下的研究发现，道德信念作为一种非正式威慑能显著的抑制员工从事信息系统误用的意愿。Siponen 和 Vance[39]的研究同样证实道德信念与员工的信息系统安全政策违背意愿之间的负向显著性关系。

2. 个人特质因素

个人特质被认为是个体长期稳定的个性特征。信息安全行为领域的研究认为个性特征能够用来预测员工行为。针对个人特质的探讨有如下两点研究目的：一是针对不同性格的人对信息安全行为的不同响应对员工进行区分。在具体的管理实践中，以性格特质作为指示器，可以比较准确地区别出哪些员工是信息系统安全政策的实施者，哪些员工则会倾向于违背信息系统安全政策，从而可以通过采取不同的激励措施来控制信息安全风险行为的发生。二是针对不同性格的人对信息安全认知的不同响应可以设计更为有效的信息安全培训机制。此外，现有的研究结论还可以对企业员工的入职选拔与岗位分配提供指导性借鉴意义。

Shropshire 等[79]基于大五人格特质理论发现具有宜人性（宽厚、利他、谦和等）和尽责性（周到、负责、自我约束等）特质的员工倾向于从事 IT 安全遵守行为。Warkentin 等[80]同样引入大五人格特质理论中的宜人性、尽责性和开放性（创造力、好奇、思辨等）三种人格特质，探讨不同性格特质的员工对组织威慑效果和信息安全遵守态度的作用机制，以及对计算机安全遵守意愿的影响作用。McCormac 等[81]探讨了不同特质的个体的信息安全意识的差别，发现风险冒进型和情绪稳定型个体的信息安全意识较低，而具有宜人性和尽责性特质的个体具有较高的信息安全意识。此外，Boss 等[21]发现即便是在组织强制的环境下，性格冷漠的人也不会主动采取信息安全预防措施。

控制观（locus of control）经常被用来探讨信息系统安全政策违背行为。控制观是个人对自己的行为方式和行为结果的责任的认识和定向，分内部控制观和外部控制观两种，前者是指把责任归于个体的一些内在原因（如能力、努力程度等），后者则是指把责任或原因归于个体自身以外的因素（如环境因素、运气等）。Workman 等[16]发现持外部控制观的员工比持内部控制观的员工更加不会遗漏实施安全预防措施。Chen 等[82]则证实外部控制观是预测员工互联网滥用行为的重要个性变量，持高外部控制观的员工更容易在工作中滥用互联网络。Ifinedo[62]证实了控制观与信息系统安全政策遵守行为之间的正向显著性关系。

3. 心理因素

个体往往对于管理相关的政策控制程度有着一定默许的容忍度，同时对于个体应该放弃自身自由而为了组织承受消极后果也有着容忍限度。由此，当个体知觉到新的信息系统安全政策对自身自由程度的威胁超出容忍时，他们将选择拒绝接受新的信息系统安全政策[83]。同样，一旦员工认为 BYOD（bring your own device，即携带自己的办公设备）政策将对自身的行动自由产生威胁，那么他们将放弃继续遵守该政策[84]。

2.3.3　小结

组织的信息安全除了必备的技术手段支持外，还依赖于组织内部对于信息系统安全政策的遵守和对违规行为的矫正。针对组织情境下员工的信息系统安全行为研究，国外研究大量引用犯罪学、社会学、心理学、健康学领域的理论就影响组织员工遵守和违背信息系统安全政策行为意愿的关键要素进行了实证探讨。从"组织控制"视角和"自我管理"视角对信息系统安全政策遵守和违背行为研究的关键要素进行归纳，构建理解员工从事信息系统安全政策遵守行为意愿和违背行为意愿的研究框架，如图 2.1 所示。

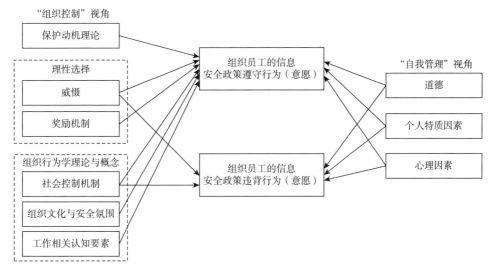

图 2.1　组织员工信息安全行为研究的关键要素归纳

参 考 文 献

[1] International Organization for Standardization. ISO/IEC 27000：2014 Information Technology-Security Techniques-Information Security Management Systems-Overview and Vocabulary[S]. http://www.iso.org/iso/catalogue_detail？csnumber=63411，2014.

[2] Tu Z. Information security management：a critical success factors analysis[D]. PhD. Dissertation，University of McMaster，2015.

[3] van Niekerk J，von Solms R. Information security culture：a management perspective[J]. Computers & Security，2010，29（4）：476-486.

[4] Chang S E，Chen S Y，Chen C Y. Exploring the relationships between IT capabilities and information security management[J]. International Journal of Technology Management，2011，54（2~3）：147-166.

[5] 沈昌祥，张焕国，冯登国，等. 信息安全综述[J]. 中国科学，2007，37（2）：129-150.

[6] Werlinger R，Hawkey K，Beznosov K. An integrated view of human，organizational，and technological challenges of IT security management[J]. Information Management & Computer Security，2009，17（1）：4-19.

[7] Parakkattu S，Kunnathur A S. A framework for research in information security management[C]. Proceedings of the Northeast Decision Sciences Institute Proceedings，USA，Alexandria，

Virginia，Hilton Alexandria Old Town，2010.

[8] 曾忠平. 信息安全人因风险研究进展综述[J]. 情报杂志，2014，33（4）：6-11.

[9] Crossler R E，Johnston A C，Lowry P B，et al. Future directions for behavioral information security research[J]. Computers & Security，2013，32：90-101.

[10] Parsons K，McCormac A，Butavicius M，et al. Determining employee awareness using the human aspects of information security questionnaire（HAIS-Q）[J]. Computers & Security，2014，42：165-176.

[11] D'Arcy J，Greene G. Security culture and the employment relationship as drivers of employees' security compliance[J]. Information Management & Computer Security，2014，22（5）：474-489.

[12] Chen Y，Wen K W. Impacts of comprehensice information security programes on information security culture[J]. The Journal of Computer Information Systems，2015，55（3）：11-19.

[13] AlHogail A. Design and validation of information security culture framework[J]. Computers in Human Behavior，2015，49：567-575.

[14] D'Arcy J，Hovav A，Galletta D. User awareness of security countermeasures and its impact on information systems misuse：a deterrence approach[J]. Information Systems Research，2009，20（1）：79-98.

[15] Lee Y，Larsen K R. Threat or coping appraisal：determinants of SMB executives' decision to adopt anti-malware software[J]. European Journal of Information Systems，2009，18（2）：177-187.

[16] Workman M，Bommer W H，Straub D. Security lapses and the omission of information security measures：a threat control model and empirical test[J]. Computers in Human Behavior，2008，24（6）：2799-2816.

[17] Ifinedo P. Understanding information systems security policy compliance：an integration of the theory of planned behavior and the protection motivation theory[J]. Computers & Security，2012，31（1）：83-95.

[18] Herath T，Rao H R. Protection motivation and deterrence：a framework for security policy compliance in organisations[J]. European Journal of Information Systems，2009，18（2）：106-125.

[19] Zhang J，Reithel B J，Li H. Impact of perceived technical protection on security behaviors[J]. Information Management & Computer Security，2009，17（4）：330-340.

[20] Höne K，Eloff J H P. Information security policy—what do international information security standards say？[J]. Computers & Security，2002，21（5）：402-409.

[21] Boss S R，Kirsch L J，Angermeier I，et al. If someone is watching，I'll do what I'm asked：mandatoriness，control，and information security[J]. European Journal of Information Systems，2009，18（2）：151-164.

[22] Höne K，Eloff J. What makes an effective information security policy？[J]. Network Security，2002，（6）：14-16.

[23] Bulgurcu B，Cavusoglu H，Benbasat I，et al. Quality and fairness of an information security policy as antecedents of employees' security engagement in the workplace：an empirical investigation[C]. Processing of the 43rd Hawaii International Conference on Systems Sciences，2010：4098-4104.

[24] Son J Y. Out of fear or desire？Toward a better understanding of employees' motivation to follow

IS security policies[J]. Information & Management，2011，48（7）：296-302.

[25] Siponen M T. A conceptual foundation for organizational information security awareness[J]. Information Management & Computer Security，2000，8（1）：31-41.

[26] Karjalainen M，Siponen M T. Toward a new meta-theory for designing information systems（IS）security training approaches[J]. Journal of the Association for Information Systems, 2011, 12（8）：518-555.

[27] Puhakainen P，Siponen M T. Improving employees' compliance through information system security trainning：an action research study[J]. MIS Quarterly，2010，34（4）：757-778.

[28] 张耀疆. 层次　系统　持续——也谈企业信息安全意识、培训与教育[J]. 信息网络安全，2004，6：57-59.

[29] Lafleur L. Training as part of a security awareness program[J]. Computer Control Quarterly，1992，10（4）：4-11.

[30] Albrechtsen E，Hovden J. Improving information security awareness and behaviour through dialogue，participation and collective reflection. An intervention study[J]. Computers & Security，2010，29（4）：432-445.

[31] Sannicolas-Rocca T，Schooley B，Spears J L. Designing effective knowledge transfer practices to improve IS security awareness and compliance[C]. Proceedings of the 47th Hawaii International Conference on System Sciences（HICSS），2014.

[32] Kruger H A，Kearney W D. A prototype for assessing information security awareness[J]. Computers & Security，2006，25（4）：289-296.

[33] Chang S E，Lin C S. Exploring organizational culture for information security management[J]. Industrial Management & Data Systems，2007，107（3）：438-458.

[34] 谢宗晓，林润辉，王兴起. 用户参与对信息安全管理有效性的影响——多重中介方法[J]. 管理科学，2013，26（3）：65-76.

[35] 曾忠平，杨哲，刘春梅. 用户信息安全行为研究评述[J]. 情报杂志，2014，33（12）：184-188.

[36] Safa N S，Solms R V，Futcher L. Human aspects of information security in organisations[J]. Computer Fraud & Security，2016，2016（2）：15-18.

[37] D'Arcy J，Herath T. A review and analysis of deterrence theory in the IS security literature：making sense of the disparate findings[J]. European Journal of Information Systems, 2011, 20（6）：643-658.

[38] Xue Y，Liang H，Wu L. Punishment，justice，and compliance in mandatory IT settings[J]. Information Systems Research，2011，22（2）：400-414.

[39] Siponen M T，Vance A. IS security policy violations：a rational choice perspective[J]. Journal of Organizational and End User Computing，2012，24（1）：21-41.

[40] Siponen M，Vance A. Neutralization：new insights into the problem of employee systems security policy violations[J]. MIS Quarterly，2010，34（3）：487-502.

[41] Hovav A，D'Arcy J. Applying an extended model of deterrence across cultures：an investigation of information systems misuse in the US and South Korea[J]. Information & Management，2012，49（2）：99-110.

[42] Guo K H，Yuan Y. The effects of multilevel sanctions on information security violations：a mediating model[J]. Information & Management，2012，49（6）：320-326.

[43] Herath T，Rao H R. Encouraging information security behaviors in organizations：role of

penalties，pressures and perceived effectiveness[J]. Decision Support Systems，2009，47（2）：154-165.

[44] Chen Y，Ramamurthy K，Wen K W. Organizations' information security policy compliance：stick or carrot approach？[J]. Journal of Management Information Systems，2012，29（3）：157-188.

[45] Liang H，Xue Y，Wu L. Ensuring employees' IT compliance：carrot or stick？[J]. Information Systems Research，2013，24（2）：279-294.

[46] Li H，Zhang J，Sarathy R. Understanding compliance with internet use policy from the perspective of rational choice theory[J]. Decision Support Systems，2010，48（4）：635-645.

[47] Li H，Sarathy R，Zhang J. Understanding compliance with internet use policy：an integrative model based on command-and-control and self-regulatory approaches[C]. Proceedings of the International Conference on Information Systems，2010.

[48] Hu Q，Xu Z，Dinev T，et al. Does deterrence work in reducing information security policy abuse by employees？[J]. Communications of the ACM，2011，54（6）：54-60.

[49] Guo K H，Yuan Y，Archer N P，et al. Understanding nonmalicious security violations in the workplace：a composite behavior model[J]. Journal of Management Information Systems，2011，28（2）：203-236.

[50] Lee S M，Lee S G，Yoo S. An integrative model of computer abuse based on social control and general deterrence theories[J]. Information & Management，2004，41（6）：707-718.

[51] Tyler T R，Callahan P E，Frost J. Armed，and dangerous（？）：motivating rule adherence among agents of social control[J]. Law & Society Review，2007，41（2）：457-492.

[52] 林润辉，谢宗晓，吴波. 处罚对信息安全策略遵守的影响研究——威慑理论与理性选择理论的整合视角[J]. 南开管理评论，2015，18（4）：151-160.

[53] Cheng L，Li W L，Zhai Q，et al. Understanding personal use of the internet at work：an integrated model of neutralization techniques and general deterrence theory[J]. Computers in Human Behavior，2014，38：220-228.

[54] Frederickson J R，Waller W. Carrot or stick？Contract frame and use of decision-influencing information in a principal-agent setting[J]. Journal of Accounting Research，2005，43（5）：709-733.

[55] Bulgurcu B，Cavusoglu H，Benbasat I. Information security policy compliance：an empirical study of rationality-based beliefs and information security awareness[J]. MIS Quarterly，2010，34（3）：523-548.

[56] Ng B Y，Kankanhalli A，Xu Y C. Studying users' computer security behavior：a health belief perspective[J]. Decision Support Systems，2009，46（4）：815-825.

[57] Rogers R W. Cognitive and Physiological Processes in Fear Based Attitude Change：A Revised Theory of Protection Motivation[M]. New York：Guilford Press，1983.

[58] Siponen M T，Mahmood A，Pahnila S. Employees' adherence to information security policies：an exploratory field study[J]. Information & Management，2014，51（2）：217-224.

[59] Vance A，Siponen M，Pahnila S. Motivating IS security compliance：insights from habit and protection motivation theory[J]. Information & Management，2012，49（3~4）：190-198.

[60] Rhee H S，Kim C，Ryu Y U. Self-efficacy in information security：its influence on end users' information security practice behavior[J]. Computers & Security，2009，28（8）：816-826.

[61] Warkentin M，Johnston A C，Shropshire J. The influence of the informal social learning environ-

ment on information privacy policy compliance efficacy and intention[J]. European Journal of Information Systems, 2011, 20（3）: 267-284.

[62] Ifinedo P. Information systems security policy compliance: an empirical study of the effects of socialisation, influence, and cognition[J]. Information & Management, 2014, 51（1）: 69-79.

[63] Johnston A C, Warkentin M. Fear appeals and information security behaviors: an empirical study[J]. MIS Quarterly, 2010, 34（3）: 549-566.

[64] Bobek D D, Hageman A M, Kelliher C F. Analyzing the role of social norms in tax compliance behavior[J]. Journal of Business Ethics, 2013, 115（3）: 451-468.

[65] Merhi M I, Midha V. The impact of training and social norms on information security compliance: a pilot study[C]. Proceedings of the 33rd International Conference on Information Systems, Orlando, 2012.

[66] Dugo T M. The insider threat of organizational information security: a structural model and empirical test[D]. PhD. Dissertation, University of Auburn, 2007.

[67] Chen H, Li W. Understanding organization employee's information security omission behavior: an integrated model of social norm and deterrence[C]. Proceedings of the Pacific Asia Conference on Information Systems, Chengdu, China, 2014.

[68] Hu Q, Dinev T, Hart P, et al. Managing employee compliance with information security policies: the critical role of top management and organizational culture[J]. Decision Sciences, 2012, 43（4）: 615-660.

[69] Alkalbani A, Deng H, Kam B. Organisational security culture and information security compliance for e-government development: the moderating effect of social pressure[C]. Proceedings of the Pacific Asia Conference on Information Systems, Singapore, 2015.

[70] Flores W R, Ekstedt M. Shaping intention to resist social engineering through transformational leadership, information security culture and awareness[J]. Computers & Security, 2016, 59: 26-44.

[71] Chan M, Woon I, Kankanhalli A. Perceptions of information security in the workplace: linking information security climate to compliant behavior[J]. Journal of Information Privacy & Security, 2005, 1（3）: 18-41.

[72] Goo J, Yim M S, Kim D. A path to successful management of employee security compliance: an empirical study of information security climate[J]. IEEE Transactions on Professional Communication, 2014, 57（4）: 286-308.

[73] Yazdanmehr A, Wang J. Employees' information security policy compliance: a norm activation perspective[J]. Decision Support Systems, 2016, 92: 36-46.

[74] Chang A, Wu C Y, Liu H W. The effects of job satisfaction and organization commitment on information security policy adoption and compliance[C]. Proceedings of the IEEE International Conference on Management of Innovation and Technology, Singapore, 2012.

[75] Li H, Sarathy R, Zhang J, et al. Exploring the effects of organizational justice, personal ethics and sanction on internet use policy compliance[J]. Information Systems Journal, 2014, 24（6）: 479-502.

[76] D'Arcy J, Herath T, Shoss M K. Understanding employee responses to stressful information security requirements: a coping perspective[J]. Journal of Management Information Systems, 2014, 31（2）: 285-318.

[77] Siponen M T. On the role of human morality in information system security[A]//Qing S H, Eloff J H P. Information Security for Global Information Infrastructures[C]. Berlin: Springer, 2000: 401-410.

[78] Myyry L, Siponen M T, Pahnila S, et al. What levels of moral reasoning and values explain adherence to information security rules? An empirical study[J]. European Journal of Information Systems, 2009, 18: 126-139.

[79] Shropshire J, Warkentin M, Johnston A, et al. Personality and IT security: an application of the five-factor model[C]. Proceedings of the 12th Americas Lonference on Information Systems Acapullo, Mexico, 2006.

[80] Warkentin M, Carter L, McBride M E. Exploring the role of individual employee characteristics and personality on employee compliance with cybersecurity policies[C]. Proceedings of the DeWald Roode Workshop on Information Systems Security Research, 2011.

[81] McCormac A, Zwaans T, Parsons K, et al. Individual differences and information security awareness[J]. Computers in Human Behavior, 2017, 69: 151-156.

[82] Chen J V, Ross W H, Yang H H. Personality and motivational factors predicting internet abuse at work[J]. Cyberpsychology, 2011, 5 (1): 1-11.

[83] Lowry P B, Moody G D. Proposing the control-reactance compliance model (CRCM) to explain opposing motivations to comply with organisational information security policies[J]. Information Systems Journal, 2015, 25: 433-463.

[84] Putri F F, Hovav A. Employees' compliance with BYOD security policy: insights from reactance, organizational justice, and protection motivation theory[C]. Proceedings of the European Conference on Information Systems, Tel Aviv, Israel, 2014.

第3章 组织控制与信息系统安全政策遵守行为：面子需求倾向的调节作用

3.1 问题描述

组织威慑和奖励机制被认为是组织正式控制体系的重要组成部分[1]。组织威慑通过惩罚手段对员工行为形成威慑力，增加员工实施违规行为的成本，负向强化员工对信息系统安全政策的遵守。然而现有研究对组织威慑的作用持有争议[2]，诸多研究没有发现或部分验证组织威慑与信息安全行为之间的直接性关联[3~5]。奖励机制被认为是正向强化员工遵守信息系统安全政策的重要举措，然而实证研究尚未发现两者之间的关联性证据。已有文献对社会规范或社会压力[6, 7]、道德[8, 9]和组织文化[10, 11]的探讨可以纳入非正式控制体系。信息安全行为研究主要在西方社会情境下展开，不同国别文化情境下的研究结论往往不同[12]，由此暗示引入不同国别的文化情境要素将能够丰富现有研究结论。特别是儒家文化情境下员工的思维模式和行为方式与西方文化情境存在一定程度上的差异，由此对控制机制的探讨不能脱离当前的文化情境。

为了弥补上述研究缺失，关注组织控制对于员工信息安全行为的约束机制。揭示由奖励激励和组织威慑构成的组织正式控制机制及以面子需求倾向为内容的非正式控制机制对员工遵守信息系统安全政策行为意愿的关键性作用。正式控制机制通过纳入奖惩机制发挥组织的强制力对员工的信息安全行为进行监督和控制；对非正式控制机制引入面子规范对员工的行为进行引导。面子是中国文化情境中的重要概念。中国人的行为动机取决于他人眼中的自我形象或社会评价。由此，人们往往借由印象管理的策略来实施与大众认可的社会规范相一致的行为[13]。面子的积极作用在于让人们可以通过社会化的交往互动来获得或维持自尊、声誉和良好的个人形象，从而实施积极的行为举措。越来越多的学者关注面子在管理中的实际应用[14~16]。从信息安全行为视角出发，个人的面子需求可以被看作一种激励性的非正式规范。对于渴望获得面子的员工，通过奖励等正向激励他们从事符合组织利益的遵守性行为；而对于避免丢面子的员工，则通过威慑等负向激励来纠正他们的违规意愿，同时借由丢面子所产生的负罪感或羞耻感来纠正员工对于违规行为的错误性认识，从而实施更多的遵守行为。

本章整合威慑理论、奖励和面子倾向理论，构建基于组织控制约束视角的信息系统安全政策遵守行为研究模型。研究对奖惩机制的探讨和对面子的引入贴近中国组织实际[17, 18]，研究结论将为中国员工的信息安全行为差别化管理，以及控制约束机制的设计提供理论支撑和实际借鉴。

3.2　正式控制与奖惩激励

3.2.1　组织控制框架

社会控制是管理个体与群体行为的一种有效机制，其目的在于引导并达成对当前社会或群体规范的遵守。通常来讲，社会控制可以分为两种类型，即正式控制机制和非正式控制机制。正式控制机制通过制定和颁行法律法规、章程条款等方式来约束失当行为；而非正式控制机制则依靠在非官方的群体或个体中得到认可的风俗、传统、道德或社会价值观等对行为进行隐性约束。

工作组织作为重要的社会群体构成，同样可以通过社会控制对组织内员工的行为进行有效管理。通过颁行一系列的规章制度，组织表明其对工作相关事务的基本立场，并通过工作价值观的灌输和行为规范的颁行进一步约束员工的行为。非正式控制机制同样可以应用于组织管理。工作情境下的非正式控制主要来源于个体的自我知觉，如个体知觉到自身与他人或组织之间的关系，或者周围人对于自身的期许或认可等。

组织控制机制适用于探讨信息安全行为管理。Cheng 等[19]应用组织控制框架探讨组织员工的信息系统安全政策违背行为。研究将威慑作为组织的正式控制手段，同时探讨了以社会联结和社会压力为内容的非正式控制机制对违规行为的影响作用。研究结果表明，正式控制机制和非正式控制机制均能有效地约束员工的违规行为。

3.2.2　奖惩激励

犯罪学领域的威慑理论认为惩戒或者处罚可以作为一种威慑机制来约束和抑制偏离行为的发生。如果个体知觉到从事某行为被惩罚的可能性较高，由此产生的后果的严重性程度较高，且受到惩罚的响应及时，那么他们会放弃实施该行为[20]，甚至转而实施组织所期望的行为[1]，因为没有人希望被惩罚[2]。反之，一旦个体知觉到违背组织期望可能得到更大的利益，他们会继续选择实施违规行为。

犯罪学领域的威慑理论可以划分为两种类型，即负向威慑（negative sanction）和正向威慑（positive sanction）。前者是指采取惩罚手段来实现政策目标，而后者则是通过对守法行为的奖励来达到改变消极行为的目的。

组织威慑被认为是组织控制机制的重要组成部分[1, 21]，它通过惩罚手段警示员工的错误行为，从而负向强化员工对信息系统安全政策的遵守。然而，已有文献发现组织威慑并不总能有效地发挥作用[2]。例如，Siponen 和 Vance[22]认为威慑对那些使用中和技术的员工失效，因为他们擅长借助一些借口（如否认责任、否认受害者等）来合理化自己的行为，从而为违规行为开脱来逃避惩罚；Chen 等[1]认为使用惩罚手段可能会导致员工的一系列消极情绪及其副作用，如焦虑、攻击行为、离职等，从而员工拒绝遵守信息系统安全政策。尽管诸多文献对威慑的维度划分的认识并不统一，在不同的研究情境下出现差异性的研究结论，甚至这些结论在同一情境下存在矛盾，但不可否认的是组织威慑仍然是一种重要的组织强制力控制方式。越来越多的文献开始探讨组织威慑在信息安全行为中发挥作用的条件。例如，Liang 等[21]发现采取预防定向策略的员工更倾向于实施 IT 遵守行为以避免惩罚；Li 等[8]与 D'Arcy 和 Herath[2]则发现道德水平是组织威慑发挥作用的关键性调节变量。

Warkentin 等[23]在信息安全情境下探讨了正向威慑——奖励激励的作用。控制理论认为通过奖励激励可以引导员工实施组织期望的行为，由此奖励激励同样是组织控制体系的重要组成[1]。一般认为，当员工履行了角色内行为或达到组织期望时，应该获得相应的奖励[24]，包括奖金、加薪、升职等[21]。奖励激励的关键性作用在于加强政策的约束和控制力[25]。如果信息系统安全政策的制定没有完善的奖励激励来引导员工遵守，那么员工会认为该政策缺乏实施的必要性。Bulgurcu 等[26]的研究证实奖励增加员工的收益认知，对信息系统安全政策遵守的态度养成起正向促进作用。

奖励激励对员工遵守信息系统安全政策的激励作用已被实验研究证实[1]，然而在实证研究中尚没有文献揭示两者之间的关系。现有文献认为奖励实施的前提是员工在一定时期内持续遵守信息系统安全政策，相比而言，员工往往会因偶尔一次的违规而受到处罚从而使奖励化为泡影，因此奖励的效果没有威慑产生的作用强烈[21]。此外，遵守行为往往体现在一些琐碎的具体工作中，如工作期间经常锁定计算机工作台和防止共享密码等，而这些工作很难通过有效的方式进行逐一核实。事实上，企业往往也只是通过定期抽查的方式进行管理，这也就意味着很难为奖励的实施提供一定的参考标准。尽管如此，部分企业依然重视奖励激励的积极性作用，如简伯特公司（Genpact）通过 E-mail 表扬信的方式对抽检合格的员工进行奖励激励，同时依据每月累计的抽检达标成绩折算成积分用以兑换实物奖励等。此外，Liang 等[21]发现采取促进定向策略的员工更看重实施 IT 遵守行为所带来的利益，表明奖励激励作用效果的发挥与组织威慑类似，同样受到一定条件的制约。

3.3　非正式控制与面子管理

瞿学伟[27]最早对东、西方文化情境下面子的概念进行了区分，认为中国文化情境下的面子有两个组成部分，即脸和面。脸与个人的道德特质有关，被看作一种强化道德准绳的社会惩罚机制或自我惩罚机制，而面则代表了通过成功或卖弄所达成的个人对威望和声誉的渴求。华人学者普遍认为中国人的面子包含了两个相辅相成的部分：社会性面子（social face）和道德性面子（moral face）[28]。前者反映了人们在社会关系中的他律性规范，与羞耻（shame）的概念相类似（如 Siponen 和 Vance[22]在探讨员工的信息系统安全政策违背行为时引入了羞耻的概念）。而后者与个人的道德特质和赢得他人尊重相关，与罪（guilt）这个概念联系密切，体现了在社会交往中的自我控制力。华人学者一般认为面子是一种人格特质因素，而在西方情境下面子被看作一种情境因素。Goffman[29]将西方情境下的面子看作一种积极的社会价值，即面子是由他人认可所产生的一种社会现象。显然，西方情境下的面子旨在寻求社会性面子，而在中国情境下面子这一概念的内涵更广。

根据瞿学伟[27]的观点，提出一个机制模型来探讨面子在组织信息安全行为管理中的作用及其与组织正式控制机制的关系，概念模型如图 3.1 所示。该金字塔模型由两部分组成：制度管理（正式控制机制）和面子管理（非正式控制机制）。在底层，强制性的信息系统安全政策是组织信息安全目标实现的基础。组织通过制定信息系统安全政策强制性地对员工的信息安全行为进行控制和管理，员工必须在政策允许的范畴内合理使用信息资产。组织对遵守政策的员工实施奖励，反之，对违规行为进行惩罚。在上层，面子对员工的约束力表现为道德和社会两个层面。通常，违反信息系统安全政策被认为是不符合道德标准的行为。一旦员工违规，道德的约束力会使其产生内疚感。这种道德性消极情绪实际上是员工自律的表现。为了消除违背自身道德所产生的不良感知，员工会自觉地遵守信息系统安全政策。同样，面子（脸）对于那些注重社会声誉的员工同样具有约束力。他们往往认为违反信息系统安全政策是让人感到羞耻的，会被同事、领导等他人耻笑或轻视。为了保持或提升自身在组织中的声誉或个人形象，他们通常不会去违反信息系统安全政策，以防止丢脸的风险。此时，面子通过他律的形式对员工的信息安全行为进行规劝和引导。总而言之，面子作为一种非正式控制机制通过自我约束的自律形式（道德性面子）和社会规范的他律形式（社会性面子），以及由此产生的罪恶感和羞耻感来规劝违规行为和引导遵守行为。面子实质上可归结为一种行为激励，它可以激发、引导并维持社会期望的行为[27]，越是看中面子（特别是他人给的面子）的人，越是认为自身的行为会受到大众监督，这也就意味着面子的约束力越强。

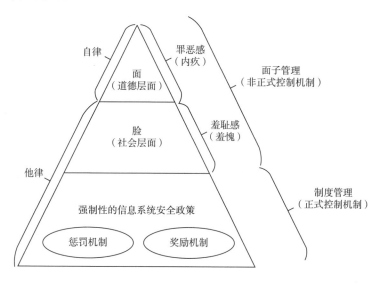

图 3.1　面子与信息安全行为管理

　　面子需求是中国人相对稳定的个人特质[27, 30]。当面子受到威胁的时候，挣取有面子的需求，避免丢面子的需求，以及留面子的保护性需求成了一种强大的社会动机，从而约束人们实施恰当的行为。正是基于这种心理需求，促使面子机制发挥作用，由此产生的自我压力和社会劝诚往往比强制性的制度和政策更为有效[8]。把面子需求定义为员工的一种认知性动机，有助于维持和获得面子，以及避免在与信息安全相关的行为互动中丢面子。Chou[30]提出了两种面子需求倾向：护面子倾向（protective face orientation，PFO）和挣面子倾向（acquisitive face orientation，AFO）。前者是一种消极的面子需求倾向，一般认为具有护面子倾向的人往往会对消极评价比较敏感，他们不喜欢过多地在社会大众面前自我曝光，倾向于保守和自我保护，以避免丢面子。与此相反，具有挣面子倾向的人往往是积极的，他们倾向于通过自我营销等措施来增加个人名誉并渴望获得社会认可。这两种面子倾向对人们的认知选择和情感反应产生不同效果的影响作用[30]。中国情境下的信息安全行为研究应该考虑文化因素。面子作为一种儒家文化特质对员工的信息安全行为有潜在的影响作用，但尚未有信息安全行为学文献对其进行探讨。下文将探讨面子管理在信息系统安全行为研究中的作用路径。

3.4 研 究 模 型

基于组织控制框架，整合威慑理论、奖励与面子需求理论构建研究模型，如图 3.2 所示。根据该模型，员工遵守组织的信息系统安全政策的行为意愿受到组织正式控制机制（奖励激励和组织威慑）及非正式控制机制（面子需求倾向）的共同约束作用，且非正式控制机制的面子需求倾向对组织控制机制作用的发挥起调节作用。根据现有的文献，设置了诸如年龄、性别、学历、工作经验、就职部门、行业、计算机使用频率等统计学变量作为控制变量。

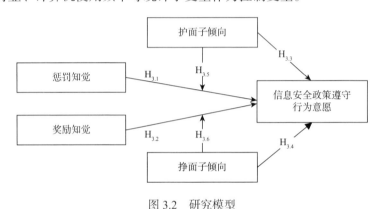

图 3.2　研究模型

3.4.1　正式控制机制与行为意愿

惩罚和奖励是两种典型地促进遵守行为的组织控制方法。作为组织正式控制机制的组成部分，这两项措施准确把握了员工趋利避害的行为动机，从而通过正、负强化对员工的信息安全行为进行干预，达成员工对信息系统安全政策的遵守。

惩罚增加生理和心理的成本，对员工产生消极影响，如扣薪或延迟晋升等。作为一种正式的强制性组织控制机制，惩罚可以有效地对员工未来的行为进行控制和约束，以避免可能带来的消极后果[1, 31]。理性选择理论认为人们总是愿意从事低成本的活动。因而员工往往会选择纠正自己的偏差行为，并努力与组织期望达成一致，即遵守信息系统安全政策。此外，期望理论表明，一旦人们认为可能的消极后果超出了预期，他们会采取行动避免这种结果的发生。因此，公平合理的惩罚机制会增加员工的成本认知，从而对违规行为形成威慑力，督促员工遵守信息系统安全政策的相关规定。

本章不过多关注威慑维度的划分，目的在于揭示处罚这种负向惩戒手段对于员工遵守信息系统安全政策的作用路径。Liang 等[21]的研究采用惩罚期望的概念，

Siponen 等[32]的研究使用惩戒的概念，这里的惩戒是包括可能性、严重性、快速性、自我否定、社会反对、冲动等多层面的单维度概念。类似地，采用惩罚知觉的概念，并将其定义为员工知觉到的违背信息安全要求而导致的一系列惩罚。由此，提出以下假设。

H₃.₁：惩罚知觉对员工的信息系统安全遵守行为意愿有正向影响作用。

奖励是指由组织给予的激励，如奖金和表扬等，以表彰员工为组织信息安全付出的努力。领导者的奖励行为将有利于形成员工的承诺、提升任务绩效和产生更多的组织公民行为[33]。同时，奖励的公平性也将提升员工士气，增强他们采取符合组织期望的行为的意愿[34]。根据理性选择理论，人们总是喜欢从事高收益的活动，奖励必然会带来更多的个人利益。此外，期望理论认为，当奖励有足够吸引力或想要得到奖励时，人们会参与到这些组织推荐的行为之中。因此，公平合理的奖励会增加员工的受益认知，从而敦促员工实施遵守信息系统安全政策的行为，提出以下假设。

H₃.₂：奖励知觉对员工的信息系统安全遵守行为意愿有正向影响作用。

3.4.2　非正式控制机制与行为意愿

面子影响个人行为，特别是在组织中，面子被认为是一种非正式的行为控制机制[27]。一般而言，丢面子会导致羞愧或窘迫，进而诱发一系列消极情绪，如焦虑、害怕、生气、沮丧、压抑等[35, 36]；而挣面子则会激发积极情绪，如高兴、开心等。由此，为了避免丢面子，或出于维持面子，或挣面子的需要，人们往往会采取一些预防措施（如撕破脸、限制行为或回避等）或补偿措施（如解释和沟通、修正和补偿等）[29, 36]。

遵守信息系统安全政策的行为符合组织期望和利益需求。持续性地遵守信息系统安全政策的行为为组织所提倡和鼓励的，员工渴望达成组织期望，并借此塑造积极的自我形象[37]，这会让具有挣面子倾向的员工感觉到有面子。相比之下，违反信息系统安全政策的行为在一定程度上被组织极力规避。从事违规行为将会面临丢面子的风险，如遭受来自同事或上司的奚落甚至轻视。为了避免丢面子的风险，具有护面子倾向的员工可能会转向实施遵守信息系统安全政策的行为策略。因此，员工的面子需求对信息系统安全政策的遵守行为有直接影响，提出以下假设。

H₃.₃：护面子倾向对员工遵守信息系统安全政策的行为意愿有正面影响作用；

H₃.₄：挣面子倾向对员工遵守信息系统安全政策的行为意愿有正面影响作用。

3.4.3　两种控制机制的交互作用

Hollinger[38]认为员工在组织中表现出的行为是组织规范的内化和外部社会压

力交互作用的结果。规范的内化过程通过惩罚违规行为和奖励遵守行为来实现，外部社会压力则来源于员工感知到的面子规范对于实施信息安全所产生的压力，即员工遵守信息系统安全政策的行为是正式控制机制与非正式控制机制交互作用的结果。

在本章情境下，面子是一个相对积极的概念，不包含虚荣、攀比、炫耀等消极层面的含义。如图 3.1 所示，个体对于面子的追求实质上是对个人道德信念和外部社会压力的良性感知。这种基于道德的自律性和基于社会压力的他律性的外在表现体现为个体面子的得失，从而产生对自身行为进行约束的动力。

具有较高护面子倾向的个体对负面评价非常敏感，通常行动上偏向保守与谨慎，避免做出违背社会规范的出格举动[30]。对于具有较高程度的护面子倾向的员工来讲，违反信息系统安全政策的行为对个人形象和声誉产生负面影响，对职业生涯和人际关系造成严重的潜在危害。这种来自个人规范和道德信念的压力会督促员工自觉地远离违规行为，继而实施组织认可的遵守行为。反之，具有低护面子倾向的人缺少必要的自律和社会压力知觉，他们的行为往往需要借助威慑的力量。惩罚措施明确了哪些行为是被严令禁止的，而违反这些行为将增加行为成本，由此预防在未来发生违规行为的可能性。Li 等[8]与 D'Arcy 和 Herath[2]发现个人规范（personal norm）和道德信念（moral belief）负向调节威慑与积极安全行为意愿之间的关系，表明威慑仅仅对缺乏个人规范或道德信念约束的人发挥作用。因此，提出以下假设。

$H_{3.5}$：护面子倾向负向调节惩罚知觉和信息系统安全政策遵守行为意愿之间的关系。

具有挣面子倾向的人渴望获得面子[39]，面子得失关系到个人的形象和声誉。特别是在中国的集体主义氛围下，良好的个人形象会获得更多的潜在优势，如得到晋升优势及获得领导的青睐等。因此，具有较高挣面子倾向的员工其行为模式与个人道德水平和社会声望相一致。他们对积极评价较为敏感，往往为自己设置较高的行为标准，并通过努力工作去争取获得他人的认可和尊重[30]。然而，具有低挣面子倾向的人对道德和规范的压力感知程度较低，需要通过外部激励来唤起其实施安全行为的动机。奖励激励加强了政策的约束和控制力[25]，特别是对于具有较低挣面子倾向的员工来说，适当的物质奖励激励有助于他们明确当前信息安全在组织环境下的重要性，对于建立和巩固员工的信息安全责任和义务有重要作用。因此，提出以下假设。

$H_{3.6}$：挣面子倾向负向调节奖励知觉和信息系统安全政策遵守行为意愿之间的关系。

3.5　研　究　设　计

3.5.1　变量测量

问卷调查法是管理学研究中对研究对象进行测度最常用的方法之一。通过对问卷调查法的恰当实施，可以快速收集到有效的数据集。同时，问卷调查对于被试人员的干扰较小，容易被企业及员工接受，可行性高且成本低[40]。能否准确地测量相关变量在很大程度上决定着研究结果的可靠程度[41]。谢家琳[40]建议量表的生成应该优先选择沿用现有量表，这么做有两点好处：一是在文献中占有显著地位的量表一般具有较高的信度（reliability）和效度（validity），而高信度和高效度是量表的价值体现；二是文献中被反复采用的量表认可度高。遵循 Farh 等[42]的量表设计取向原则，测量量表中所有测度项均来自已有文献，并针对特定情境进行了适当修订，包括对字词表述准确性的修正、研究情境的转换所带来的测量项内容变更等。

护面子倾向与挣面子倾向的测度项来源于 Chou[30]编制的 PAS（protective and acquisitive face orientations scale，即面子倾向测量量表）测量量表。该量表用来描述在挣面子和护面子两种动机下个人的普遍性倾向。对测量条目进行筛选，首先借鉴前人的研究方法，仅选取与当前研究情境相关度较高的条目[43, 44]。其次，借鉴 Eisenberger 等[45]及 Neves 和 Eisenberger[46]的研究方法，仅选取因子载荷较高的测度项构成测量量表。使用利克特的 5 级量表进行刻度，表征受访者对描述语句的赞同程度，其中 1 表示强烈反对，5 表示完全同意。PAS 量表在针对香港地区的样本中显示出良好的信度和效度[30, 47]。

基于 Boss 等[24]和 Siponen 等[48]的研究对奖励知觉进行测量，用来表征员工实施信息安全行为时获得奖励的可能性。此外，根据 Chen 等[1]的研究对惩罚知觉进行测量。遵守信息系统安全政策的行为意愿的操作化定义为当员工对使用信息设备或访问数据资料时遵循组织规范或实施组织期望的信息安全行为的看法。基于 Bulgurcu 等[26]的研究对该变量进行测量。同样采用利克特 5 级尺度量表进行刻度，表征受访者对描述语句的可能性判断，其中 1 代表完全不可能，5 代表一定是。上述量表内容在已有研究中均显示出良好的信度和效度。量表内容如表 3.1 所示。

表 3.1　测量量表

变量	测度项
惩罚知觉	如果没有遵守信息系统安全政策，我就会受到惩罚
	如果没有遵守信息系统安全政策，我就会被警告或批评
	如果没有遵守信息系统安全政策，我就会被扣工资（奖金）或罚款
	如果没有遵守信息系统安全政策，领导就会表现出不满

续表

变量	测度项
奖励知觉	如果我遵守信息系统安全政策，就会得到口头或书面表扬
	如果我遵守信息系统安全政策，就可能会得到奖励
	我认为物质奖励取决于是否遵守信息系统安全政策
护面子倾向	我做事常小心谨慎，避免犯错
	我特别留意自己的缺点并希望尽量加以改正
	如果获得自己喜欢的东西会导致非议，我多数会放弃它
	我喜欢采用稳妥的方式获得成功
	做事时，我很留意避免错误
挣面子倾向	我希望出人头地，有所成就
	成为有成就的人对我来说是值得追求的
	我希望成为大家拥戴的人物
	我通常愿意去争取成为团体的领导人物或上层人物
	我常留意并仿效成功人士的做事方式
	我很留意社交技巧或人际手腕的问题
行为意愿	我愿意在未来的工作中遵守信息系统安全政策的相关规定行事
	我承诺在工作中恪守信息系统安全政策的相关规定
	我会履行信息系统安全政策中规定的应尽义务

3.5.2 试测

量表初步开发完成之后，通过专家小组讨论，对相关量表的测量项表述与内容进行调整。随后对量表进行试测，试测人员是来自明确实施了信息系统安全政策的 IT 公司和银行的正式员工。测度项的因子载荷一般要求在 0.5 以上，为了保证收敛效度良好，根据试测检验结果对因子载荷小于 0.6 的测度项进行剔除。此外，根据被试反馈对问卷进行调整，最大限度保证量表的内容效度。

3.5.3 数据收集

采用问卷调研法进行数据收集。依托专业的调研网站，针对实施信息系统安全政策的组织，随机向其正式员工推送电子问卷，对于完整填写的受访者给予一定的现金奖励。问卷调研历时三周。问卷填写前，要求受访者回忆当前工作单位中的信息系统安全政策的实施情况，以及计算机等信息系统设施在日常工作中的应用情况。如果该受访者所在的工作单位没有实施信息系统安全政策，并且计算机等信息系统设施的使用频率过低和应用范围较小，则终止问卷填写。此外，临时合同人员和离退休人员不包含在此次受访者的范围之内，所填数据样本予以剔除。对回收的样本数据进行筛选，剔除前后矛盾、明显的恶意回答等不合格问卷后，共回收有效问卷 409 份。回收样本分布特征如表 3.2 所示。

表 3.2　样本构成分布表（$N=409$）

分类指标		样本量/人	比例
性别	男	200	48.90%
	女	209	51.10%
年龄	21~30 岁	197	48.17%
	31~40 岁	180	44.01%
	41 岁及以上	32	7.82%
学历	高中及以下	7	1.71%
	本科及专科	337	82.40%
	硕士、博士研究生	65	15.89%
当前单位所属行业	电子/通信/计算机	196	47.92%
	银行/金融/保险	102	24.94%
	教育/科研	36	8.80%
	贸易/进出口	36	8.80%
	其他	39	9.54%
计算机使用频率	少于 4 小时/天	19	4.65%
	4~8 小时/天	242	59.17%
	大于 8 小时/天	148	36.19%
在当前单位年限	少于 1 年	14	3.42%
	1~3 年	98	23.96%
	3~5 年	113	27.63%
	多于 5 年	184	44.99%
单位规模	1~100 人	94	22.98%
	101~500 人	208	50.86%
	501~1 000 人	58	14.18%
	大于 1 000 人	49	11.98%

续表

分类指标		样本量/人	比例
所在部门	财务部门	69	16.87%
	销售部门	52	12.71%
	研发部门	217	53.06%
	人力资源	60	14.67%
	其他	11	2.69%
ISP 实施年限	少于 1 年	16	3.91%
	1~4 年	178	43.52%
	5 年及以上	215	52.57%

3.6　数据处理与结果

选用 PLS（partial least squares，偏最小二乘）方法和 SmartPLS 2.0 工具进行数据分析。PLS 适用于早期研究的理论构建与测试[49]。研究中涉及的诸如面子需求倾向的变量首次在信息安全行为研究情境下进行探讨。相较于基于协方差的结构方程模型（如 LISREL 和 AMOS），PLS 要求更为宽松的残差分布[50, 51]，并且 PLS 更加适合于小样本或者中等规模的样本。PLS 技术在信息安全行为研究领域被广泛使用[4, 10, 52]。

为了排除共同方法偏差（common method bias，CMB）的影响，采用单因素检验法进行验证。该方法假定在方法变异存在的前提下，通过因子分析可以得到单独一个因子，或者得到的一个公因子可以解释绝大多数的变量变异。通常的做法是采用 SPSS 进行探索性因子分析，检验未旋转情况下的因子分析结果。当单个因子未旋转时的累积变异数贡献率低于 50% 时认为不存在共同方法偏差[53]。检验发现未旋转时单个因子最大的累积变异数贡献率低于 50%，不存在共同方法偏差的问题。

3.6.1　测量模型检验

首先对数据的信度进行检验。信度是对同一研究对象的测度结果的可靠性程度的判定。通常包含三个判断标准，即同一被试针对同一问卷是否做出前后一致的结果响应（稳定性），不同被试针对同一问卷是否具有较小差异（等值性），不同测度项是否存在测度结果的差异（内部一致性）。当稳定性良好、等值性差异较小，且内部一致性程度较高时，量表的信度良好。组合信度系数（composite reliability，

CR）是用于测定信度的指标。若信度系数高，则表示指标的内部一致性高。潜变量 CR≥0.7，表明潜变量的变化至少能解释对应测量工具约 70% 的变化。即 CR 值越大，测量工具的可靠性越高，测量模型的内部一致性越好。根据表 3.3 的结果，所有变量的 CR 在 0.7 以上，表明数据信度良好。

表 3.3　信度效度检验结果

变量	测度项	因子载荷	AVE[1]	CR
惩罚知觉	PS1	0.808	0.630	0.870
	PS2	0.843		
	PS3	0.775		
	PS4	0.749		
奖励知觉	PR1	0.626	0.600	0.820
	PR2	0.833		
	PR3	0.850		
护面子倾向	PF1	0.695	0.550	0.860
	PF2	0.781		
	PF3	0.687		
	PF4	0.788		
	PF5	0.810		
行为意愿	INT1	0.844	0.730	0.890
	INT2	0.838		
	INT3	0.874		
挣面子倾向	SF1	0.745	0.540	0.870
	SF2	0.791		
	SF3	0.742		
	SF4	0.687		
	SF5	0.706		
	SF6	0.714		

1）AVE（average variance extracted，即平均方差提取值）

效度用于表征测度结果反应测量工具（即量表或问卷）所要解释的对象（即变量或者潜变量）的特征的程度。结构效度是指测量工具所要测度的理论结构和特征的程度，包括收敛效度（convergent validity）和区别效度（discriminant validity）。收敛效度又称为聚合效度，是指不同的测量变量是否可以用于测度同一潜变量的程度。同一潜变量下的测量项之间彼此的相关性越高，表明量表的收敛效度越好。AVE 是检验收敛效度的重要参考指标，用来描述观测误差导致的隐含变量从其对应的观测变量中获得解释的方差总量。通常认为 AVE>0.5 时，表示有 50%以上的测量变量方差被解释，潜变量的收敛效度良好。此外，观测变量的收敛效度还可以根据因子载荷来判断，当外部模型的因子载荷的 T 值在统计学上显著时表明收敛效度良好。通常需要因子载荷至少大于 0.6，比较理想的状态是 ≥ 0.7，此时表明每个测量项可以解释 50%或以上的潜变量方差[54]。此外，因子载荷<0.5 时，该测量项应该被删除。表 3.3 显示，所有变量的 AVE 值均大于 0.5，且因子载荷在满足条件的范畴之内，表明数据的收敛效度良好。

区别效度又称为判别效度，是指不同潜变量之间是否存在显著性的差异。不同潜变量下的测量项之间的相关性程度越低，量表的区别效度越高。PLS 路径模型中的区别效度通常采用 AVE 的平方根值与潜变量相关系数的大小进行判断。当AVE 的平方根值大于变量之间的任何一个相关系数时，表明区别效度良好。根据表 3.4 区别效度检验结果，AVE 平方根值大于所有的相关系数，表明数据的区别效度良好。基于以上分析结果，数据信度和效度符合基本要求。

表 3.4　区别效度检验结果

构念	1	2	3	4	5
挣面子倾向	**0.735**				
奖励知觉	0.483	**0.775**			
惩罚知觉	0.236	0.305	**0.794**		
护面子倾向	0.519	0.370	0.195	**0.742**	
行为意愿	0.464	0.574	0.345	0.412	**0.854**

注：黑体数字为 AVE 的平方根值

3.6.2　假设检验结果

采用 PLS 方法进行全模型假设检验的结果如图 3.3 所示，模型的累计解释总体方差变异为 44.2%。研究未发现控制变量对模型结果变量的作用效果，即在 $p<0.05$ 的置信区间下路径系数不显著。加入控制变量后，模型的累计解释总方差变异为46.4%。

$H_{3.1}$ 和 $H_{3.2}$ 认为基于威慑和奖励的组织正式控制机制对员工遵守信息系统安全政策的行为意愿起到积极的正向促进作用。假设检验结果显示，惩罚知觉对行为意愿（$\beta=0.135$，$p<0.001$）具有显著的正向影响，$H_{3.1}$ 得到支持。该研究结论与 Chen 等[1]的研究结论相同，表明通过组织威慑对信息系统安全行为进行管理是东西方文化情境下的普遍性对策。奖励知觉对行为意愿（$\beta=0.344$，$p<0.001$）具有

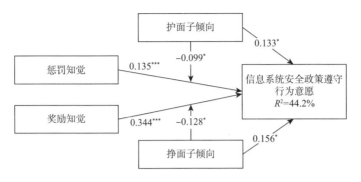

图 3.3　假设检验结果

***表示 $p<0.001$，*表示 $p<0.05$

显著的正向影响作用，$H_{3.2}$ 得到证实。此外，通过路径系数比较发现，奖励知觉的作用效果明显高于惩罚知觉。这表明中国情境下，通过采取奖励手段比组织威慑更能够约束员工实施信息安全行为。

$H_{3.3}$ 和 $H_{3.4}$ 认为面子需求可以作为组织的非正式控制机制对员工遵守信息系统安全政策的行为意愿起到积极的正向促进作用。假设检验结果显示，护面子倾向（$\beta=0.133$，$p<0.001$）和挣面子倾向（$\beta=0.156$，$p<0.001$）对行为意愿均具有显著的正向影响作用，$H_{3.3}$ 和 $H_{3.4}$ 得到支持，表明组织可以通过面子规范引导员工的信息安全行为。集体主义情境下的个体往往不是一个独立的实体，而总是将自身与其他人联系起来。多数情况下，个体的行动并不完全受制于个人意志，同时也必须满足他人的期望与制约。遵守信息系统安全政策是符合组织期望的行为，员工通过遵守信息系统安全政策获得组织的认可，从而在满足感或者成就感中获得面子。对于挣面子倾向较高的人来讲，恪守礼仪[36]（如遵守信息系统安全政策）在维护既有面子之余还能增加面子，出于获得面子的需求，员工选择遵守信息系统安全政策。此外，中国人的面子观念是以社会取向为主的，个人的行为标准依赖于团体或他人评价[36]。在这种他人指向性（other-directedness）的面子互动中，人们倾向于极力避免来自他人或团体的不赞同[27]。护面子倾向较高的人对这种不赞同的反应较为敏感，往往认为这种不赞同是对面子的极大威胁。由此，实施事先避免丢面子的行为[36]，如遵守信息系统安全政策的预防性措施将有助于员工降低丢面子的风险。

$H_{3.5}$ 和 $H_{3.6}$ 探讨基于面子需求的非正式控制机制与基于奖惩的正式控制机制之间的交互作用。假设检验结果表明，护面子倾向在惩罚知觉与行为意愿间的关系中起负向调节作用（$\beta=-0.099$，$p<0.050$）。通过 F 检验①计算出 $H_{3.5}$ 调节效应的

---

① $f^2 = \left(R^2_{带交互效应的模型} - R^2_{主效应模型} \right) / \left(1 - R^2_{带交互效应的模型} \right)$。

f^2 为 0.075∈（0.020，0.150），表明护面子倾向对正式控制机制（威慑）与行为意愿间的关系具有弱调节效应。图 3.4 描绘了护面子倾向高（均值加标准差）和低（均值减标准差）两种情况下的调节效果。曲线走势表明，护面子倾向越高的员工，惩罚知觉对信息系统安全政策遵守行为意愿的激励作用越弱，$H_{3.5}$ 得到证实。研究结果表明处罚措施对于那些具有较低的护面子倾向的员工更具威慑效果。假设检验结果同样表明挣面子倾向在奖励知觉与行为意愿间的关系中起负向调节作用（β=−0.128，p<0.050）。通过 F 检验计算出 $H_{3.6}$ 调节效应的 f^2 为 0.055∈（0.020，0.150），表明挣面子倾向对正式控制机制（奖励）与行为意愿间的关系具有弱调节效应。图 3.5 描绘了挣面子倾向高（均值加标准差）和低（均值减标准差）两种情况下的调节效果。根据曲线走势，挣面子倾向程度越高的员工，奖励知觉对信息系统安全政策遵守行为意愿的约束作用越弱，$H_{3.6}$ 得到证实。研究发现通过奖励具有较高挣面子倾向的员工遵守信息系统安全政策的实际效果要比具有较低挣面子倾向的员工弱。

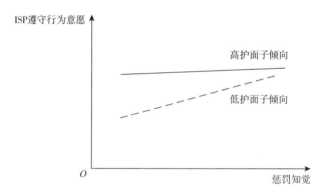

图 3.4　护面子倾向的调节作用

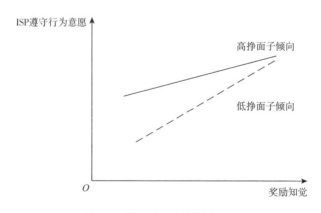

图 3.5　挣面子倾向的调节作用

面子倾向对奖惩机制与信息安全行为意愿之间的关系起负向调节作用，该结论表明尽管基于奖惩的组织正式控制机制和基于面子需求的非正式控制机制均对员工的信息安全行为产生作用，但是发挥作用的前提不同。根据面子需求程度的差异，可以将员工分为两类：好面子的员工和不好面子的员工。对于好面子的员工而言，他们看中自身的声誉和个人形象，或者对丢面子有所顾虑，而这种对于面子得失的需求动机激发了他们的自我管理或外部压力体验，从而实施积极的信息安全行为。而对于不好面子的员工而言，他们对于面子的得失缺乏敏感，单纯依靠面子需求无法取得应有的效果，还需要借助奖惩机制激发他们对于个人物质利益和行动成本的认知，从而遵守信息系统安全政策。如图 3.5 所示，惩罚机制对于好面子的员工的威慑效果并不明显，这种丢面子的顾虑是驱动其实施遵守行为的重要动机；而对于不好面子的员工而言，通过施加威慑力，其信息系统安全政策遵守的行为意愿得到明显的提升。奖励对于两种类型的员工均产生不同程度的激励作用，但是相比较而言，物质激励对于不好面子的员工的行为引导效果更佳，而对于好面子的员工而言，自身对面子的追求同样是其遵守信息系统安全政策的重要驱动力。

3.7　研究贡献与管理启示

研究的学术意义在于：第一，揭示基于惩罚的正式控制机制对员工实施遵守信息系统安全政策的行为意愿有强制性威慑作用。惩罚能够唤起员工对行为成本的感知与计算，出于成本规避的考虑，促使员工修正自身的违规行为并放弃未来违规的可能性。组织威慑实质上是通过负向刺激的方式促使员工实施恰当的信息安全行为。

第二，证实基于奖励的正式控制机制对员工实施遵守信息系统安全政策的行为意愿同样具有正向约束作用，且其作用效果明显优于威慑作用。尽管已有的文献多数认为奖励在组织的具体实施过程中会面临诸多困难，但是研究结论证实通过口头激励和实物奖励的方式能够促进员工对于实施信息安全行为的利益认知，这种正向激励的方式对信息安全行为的实施有良好的推动作用。

第三，发现面子需求在信息安全行为管理中起积极作用。面子需求作为文化变量被首次引入信息安全行为管理中，揭示了员工无论是出于挣面子的动机还是护面子的动机均会出于自身的面子考虑而遵守信息系统安全政策。研究表明这种基于面子需求的非正式控制机制同样可以对信息安全行为进行约束。

第四，揭示面子需求对正式控制机制的调节路径，即发现了基于面子需求的非正式控制机制和基于奖惩的正式控制机制发挥作用的前提条件，奖惩机制的作用力度与员工的面子倾向负相关。尽管奖惩机制对员工的信息安全行为有正向的引导作用，但奖惩措施对面子倾向程度较低的员工更为有效。

研究结论对信息安全行为管理具有重要参考价值和实践意义。首先，完善组织正式控制机制。对员工信息安全行为的管理不能一味地使用惩罚手段，适时的奖励举措更能够激发员工的安全行为。由此，需要组织重视奖励手段的积极作用，设置公平合理的奖励考核机制，通过累计积分换购等形式激励员工以实现信息安全目标。另外，在完善物质奖励措施的同时，尝试通过荣誉等形式补充现有的奖励方式，如通过树立标兵典型增强员工对于信息安全行为的关注与重视。

其次，重视面子需求的约束作用。对面子的研究有助于组织实现员工的差异化管理，针对不同面子倾向的员工分别采取不同的奖惩约束手段，实现对其信息安全行为的控制。同时，对于好面子的员工可通过"给面子"或"留面子"的工具性行为来激发他们的自我行为约束。

最后，信息安全管理不能仅仅局限于盲目地引入安全技术，更应该重视对员工行为的引导和规范，对奖励、威慑和面子的综合性运用，使员工从思想上养成信息安全意识、从行为上自觉维护信息安全，最终实现安全目标。

本章的不足之处在于，考虑研究情境，且已有研究发现部分测量项目的因子载荷过小，本章对两种面子倾向量表的选取并没有全部引用，而是有选择性地保留了因子载荷较高的部分题项。尽管如此，数据处理过程中仍然有部分测量项目因子载荷过低被剔除，这可能是香港与内地对面子理解的差异所导致。由此也提示未来的研究应该开发更加契合内地社会文化情境的面子研究量表。

3.8 小　　结

本章的主要任务是从组织控制视角出发探讨员工遵守信息系统安全政策的关键要素。研究整合威慑理论、奖励机制和面子理论，在组织控制机制框架下构建研究模型，揭示基于奖励和威慑的正式控制机制和基于面子需求的非正式控制机制在员工遵守信息系统安全政策中的关键性作用。采用网络问卷随机获取有效样本，并采用结构方程对研究模型进行检验。研究结果发现感知到的奖励和感知到的惩罚对员工的信息系统安全政策遵守行为意愿起约束作用；面子倾向同样约束员工遵守信息系统安全政策，并且挣面子倾向和护面子倾向对于正式控制机制与行为意愿间的关系均起负向调节作用。

参 考 文 献

[1] Chen Y, Ramamurthy K, Wen K W. Organizations' information security policy compliance: stick or carrot approach? [J]. Journal of Management Information Systems, 2012, 29（3）: 157-188.

[2] D'Arcy J，Herath T. A review and analysis of deterrence theory in the IS security literature：making sense of the disparate findings[J]. European Journal of Information Systems，2011，20（6）：643-658.

[3] Li H，Sarathy R，Zhang J. Understanding compliance with internet use policy：an integrative model based on command and control and self-regulatory approaches[C]. Proceedings of the International Conference on Information Systems，St.Louis，USA，2010.

[4] Son J Y. Out of fear or desire？ Toward a better understanding of employees' motivation to follow IS security policies[J]. Information & Management，2011，48（7）：296-302.

[5] Xue Y，Liang H，Wu L. Punishment，justice，and compliance in mandatory IT settings[J]. Information Systems Research，2011，22（2）：400-414.

[6] Herath T，Rao H R. Encouraging information security behaviors in organizations：role of penalties，pressures and perceived effectiveness[J]. Decision Support Systems，2009，47（2）：154-165.

[7] Chen H，Li W. Understanding organization employee's information security omission behavior：an integrated model of social norm and deterrence[C]. Proceedings of the Pacific Asia Conference on Information Systems，Chengdu，China，2014.

[8] Li H，Zhang J，Sarathy R. Understanding compliance with internet use policy from the perspective of rational choice theory[J]. Decision Support Systems，2010，48（4）：635-645.

[9] Myyry L，Siponen M T，Pahnila S，et al. What levels of moral reasoning and values explain adherence to information security rules？ An empirical study[J]. European Journal of Information Systems，2009，18：126-139.

[10] Hu Q，Dinev T，Hart P，et al. Managing employee compliance with information security policies：the critical role of top management and organizational culture[J]. Decision Sciences，2012，43（4）：615-660.

[11] Chan M，Woon I，Kankanhalli A. Perceptions of information security in the workplace：linking information security climate to compliant behavior[J]. Journal of Information Privacy & Security，2005，1（3）：18-41.

[12] Hovav A，D'Arcy J. Applying an extended model of deterrence across cultures：an investigation of information systems misuse in the US and South Korea[J]. Information & Management，2012，49（2）：99-110.

[13] Chu R L. Face and achievement-the examination of social oriented motives in Chinese society[J]. Chinese Journal of Psychology，1989，31（2）：79-90.

[14] 施卓敏，范丽洁，叶锦锋. 中国人的脸面观及其对消费者解读奢侈品广告的影响研究[J]. 南开管理评论，2012，15（1）：151-160.

[15] 赵卓嘉，宝贡敏. 知识团队内部任务冲突的处理：感知面子威胁的中介作用研究[J]. 浙江大学学报（人文社会科学版），2011，14（1）：187-200.

[16] 蒋建武，赵珊. 劳务派遣员工组织认同动态发展研究：面子和身份的影响[J]. 管理学报，2014，11（4）：541-547.

[17] 陈炳，高猛. "面子"文化与管理之道——中国式管理的文化生态学视角[J]. 管理学报，2010，7（6）：797-803.

[18] 王庆娟，张金成. 工作场所的儒家传统价值观：理论、测量与效度检验[J]. 南开管理评论，2012，15（4）：66-79.

[19] Cheng L，Li Y，Li W，et al. Understanding the violation of IS security policy in organizations：

an integrated model based on social control and deterrence theory[J]. Computers & Security，2013，39：447-459.

[20] Barlow J B，Warkentin M，Ormond D，et al. Don't make excuses！Discouraging neutralization to reduce IT policy violation[J]. Computers & Security，2013，39：145-159.

[21] Liang H，Xue Y，Wu L. Ensuring employees' IT compliance：carrot or stick？[J]. Information Systems Research，2013，24（2）：279-294.

[22] Siponen M T，Vance A. Neutralization：new insights into the problem of employee systems security policy violations[J]. MIS Quarterly，2010，34（3）：487-502.

[23] Warkentin M，Malimage N，Malimage K. Impact of protection motivation and deterrence on IS security policy compliance：a multi-cultural view[C]. Proceedings of the Pre-ICIS Workshop on Information Security and Privacy，Orlando，USA，2012.

[24] Boss S R，Kirsch L J，Angermeier I，et al. If someone is watching，I'll do what I'm asked：mandatoriness，control，and information security[J]. European Journal of Information Systems，2009，18（2）：151-164.

[25] Frederickson J R，Waller W. Carrot or stick？Contract frame and use of decision-influencing information in a principal-agent setting[J]. Journal of Accounting Research，2005，43（5）：709-733.

[26] Bulgurcu B，Cavusoglu H，Benbasat I. Information security policy compliance：an empirical study of rationality-based beliefs and information security awareness[J]. MIS Quarterly，2010，34（3）：523-548.

[27] 瞿学伟. 中国社会心理学评论（第二辑）[M]. 北京：社会科学文献出版社，2006.

[28] 金耀基. "面"、"耻"与中国人行为之分析[M]. 北京：社会科学文献出版社，2006.

[29] Goffman E. On Face-Work：An Analysis of Ritual Elements in Social Interaction[M]. New York：Anchor Books，1967.

[30] Chou M. Protective and acquisitive face prientations：a person by situation approach to face dynamics in socialinteraction[D]. PhD. Dissertation，University of Hong Kong，1996.

[31] Arvey R D，Ivancevich J M. Punishment in organizations：a review，propositions，and research suggestions[J]. Academy of Management Review，1980，5（1）：123-132.

[32] Siponen M T，Pahnila S，Mahmood M A. Compliance with information security policies：an empirical investigation[J]. Computer，2010，43（2）：64-71.

[33] Podsakoff P M，Bommer W H，Podsakoff N P，et al. Relationships between leader reward and punishment behavior and subordinate attitudes，perceptions，and behaviors：a meta-analytic review of existing and new research[J]. Organizational Behavior and Human Decision Processes，2006，99（2）：113-142.

[34] Jackson E M，Rossi M E，Hoover E R，et al. Relationships of leader reward behavior with employee behavior：fairness and morale as key mediators[J]. Leadership & Organization Development Journal，2012，33（7）：646-661.

[35] Redding S G，Ng M. The role of "face" in the organizational perceptions of Chinese managers[J]. International Studies of Management & Organization，1983，13（3）：92-123.

[36] 朱瑞玲. 中国人的社会互动：论面子的问题[M]. 北京：社会科学文献出版社，2006.

[37] Kim J Y，Nam S H. The concept and dynamics of face：implications for organizational behavior in Asia[J]. Organization Science，1998，9（4）：522-534.

[38] Hollinger R C. Acts against the workplace: social bonding and employee deviance[J]. Deviant Behavior, 1986, 7（1）: 53-75.

[39] Lau Y, Fu K W D. Are concern for face and willingness to seek help correlated to early postnatal depressive symptoms among Hong Kong Chinese women？A cross-sectional questionnaire survey[J]. International Journal of Nursing Studies, 2008, 45（1）: 51-64.

[40] 谢家琳. 实地研究中的问卷调查法[A]//陈晓萍, 徐淑英, 樊景立. 组织与管理研究的实证方法[C]. 北京: 北京大学出版社, 2008: 161-175.

[41] 梁建, 樊景立. 理论构念的测量[A]//陈晓萍, 徐淑英, 樊景立. 组织与管理研究的实证方法[C]. 北京: 北京大学出版社, 2008: 229-250.

[42] Farh J L, Cannella A A, Lee C. Approaches to scale development in Chinese management research[J]. Management and Organization Review, 2006, 2（3）: 301-318.

[43] D'Arcy J, Herath T, Shoss M K. Understanding employee responses to stressful information security requirements: a coping perspective[J]. Journal of Management Information Systems, 2014, 31（2）: 285-318.

[44] Detert J R, Treviño L K, Sweitzer V L. Moral disengagement in ethical decision making: a study of antecedents and outcomes[J]. Journal of Applied Psychology, 2008, 93（2）: 374-391.

[45] Eisenberger R, Stinglhamber F, Vandenberghe C, et al. Perceived supervisor support: contributions to perceived organizational support and employee retention[J]. Journal of Applied Psychology, 2002, 87（3）: 565-573.

[46] Neves P, Eisenberger R. Perceived organizational support and risk taking[J]. Journal of Managerial Psychology, 2014, 29（2）: 187-205.

[47] Wang H. Help seeking tendency in situation of threat to self-esteem and face-losing[D]. PhD. Dissertation, University of Hong Kong, 2002.

[48] Siponen M T, Adam M M, Pahnila S. Employees' adherence to information security policies: an exploratory field study[J]. Information & Management, 2014, 51（2）: 217-224.

[49] Jöreskog K G, Wold H. The ML and PLS techniques for modeling with latent variables: historical and comparative aspects[J]. Systems under Indirect Observation: Causality, Structure, Prediction, 1982, 1: 263-270.

[50] Chin W W, Marcolin B L, Newsted P R. A partial least squares latent variable modeling approach for measuring interaction effects: results from a monte carlo simulation study and an electronic- mail emotion adoption study[J]. Information Systems Research, 2003, 14（2）: 189-217.

[51] Haenlein M, Kaplan A M. A beginner's guide to partial least squares analysis[J]. Understanding Statistics, 2004, 3（4）: 283-297.

[52] Vance A, Siponen M T. IS security policy violations: a rational choice perspective[J]. Journal of Organizational and End User Computing, 2012, 24（1）: 21-41.

[53] 周浩, 龙立荣. 共同方法偏差的统计检验与控制方法[J]. 心理科学进展, 2004, 12（6）: 942-950.

[54] Chin W W. Issues and opinion on structural equation modeling[J]. MIS Quarterly, 1998, 22（1）: 7-16.

第4章　直接领导、结果期望 与威慑对信息系统安全政策 遵守意愿的作用研究

4.1　问题概述

国内对于信息安全的研究大都集中于技术手段和法律规定方面，关于信息安全行为的实证研究较少。特别是针对员工遵守信息系统安全政策的行为，已有文献缺乏对直接领导及其对员工的结果期望认知和对员工遵守信息系统安全政策的探讨。本章基于社会认知理论结合威慑理论，从综合的角度分析探讨影响员工对信息系统安全政策遵守行为的因素。将直接领导的影响作为社会认知理论中重要的环境因素，直接影响员工的结果预期，进而间接影响其对信息系统安全政策的遵守行为。本章使用社会认知理论强调对员工积极方面的影响。另外，利用犯罪学中的威慑理论强调惩罚因素，即消极方面的影响对员工信息系统安全政策遵守行为的关键作用。

4.2　社会认知理论

社会认知理论[1]用于解释人们行为的形成，认为个体行为（personal behavior）与个人要素（personal determinant）和环境要素（environmental determinant）三者之间有着灵活的、交互决定的作用关系，如图4.1所示。

个人要素–个体行为的关系是指个人的思想、情感和生物学特性与个体行为之间是双向直接影响的关系。例如，个人的期望、信念、自我感知、目标和意向可以形成并引导其行为；反之，个人所表现出来的行为也会影响其思想和感情。社会认知理论也考虑了个人的生物学特征，如性别、种族、性情和遗传因素也会对其行为产生影响。

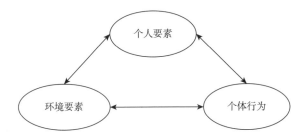

图 4.1　社会认知理论环境要素、个人要素和个体行为之间的交互作用关系

在环境要素–个人要素之间也有双向直接影响的关系。环境要素是指人们所处环境中的社会影响和物理结构等。其中，社会影响通过树立榜样、教诲或劝告等向人们传递信息并激发其情感反应；此外，人们由于其年龄、性别、种族和性情等特性的不同，在受到社会环境的影响时产生的反应也不同。物理结构是指人们能够得到的物理资源等。个人所处的环境影响其内心的情感反应。而个人内心的情感反应又反过来作用于他们所处的环境，从而对其所处的环境产生影响。

最后是环境要素–个体行为之间的双边关系。人们既是所处环境的产物，也是环境的塑造者。个人的行为可以决定其所处环境的某些方面并且改变环境。个人的行为可以通过选择注意策略影响其感受环境的方式。人们的行为同时也影响他们所处的环境。例如，激进的人可能创造出较为敌对的环境。因此，个人的行为可以影响环境，而环境也可以部分决定人们所表现出来的行为。

社会认知理论强调了引导行为的两个重要的个人认知因素，即自我效能（self-effieaey）和结果预期（outcome expectation）。自我效能是指个人对自己具有执行某一行为能力的信念，即个人对自己是否有能力完成某项任务的信心。自我效能影响个人执行行为的选择及其在执行该行为面对困难时所能做出的努力与坚持[2]。结果预期是指对该行为可能产生的结果的判断。人们会更倾向于做出会得到奖励或产生好的结果的行为。个人的结果预期不仅包括某行为对个人所产生的影响，也包括此行为对其所处的群体所产生的影响[2, 3]。因此，在研究中不仅强调社会认知理论中对个人利益的结果预期，也关注员工对与组织相关的结果预期，由此将结果预期细分为与个人相关的结果预期和与组织相关的结果预期。

此外，本章认为在组织中直接领导对员工有直接且重要的影响。直接领导与员工有密切的关系，他们是企业中上、下级关系最为密切的人群。直接领导的领导意识及个人作风都会对员工产生不可替代的重要影响。Eisenberger 等[4]的研究说明在企业中，直接领导影响员工感知到组织的支持及其工作稳定性。直接领导与员工接触较多，他们对员工的态度和行为都有很大的影响。基于社会认知理论中的环境要素包括他人的影响，将直接领导的影响作为该理论中的环境要素，对员工的结果预期产生直接影响。

社会认知理论被广泛应用于信息系统的研究。Chiu 等[3]基于社会认知理论结合社会资源理论讨论虚拟社区中知识共享的问题，并且发现结果预期可以显著加强个人在虚拟社区中的知识共享行为。其中，与虚拟社区相关的结果预期比与个人相关的结果预期对共享知识的质量和数量有更加显著的影响。Lin 和 Bhattacherjee[5]发现自我效能和在线支持结果预期是信息技术使用的主要推动力，而信息技术使用又进一步影响在线支持。Bolt 等[6]应用加以修改的社会认知理论框架，发现在计算机技术培训过程中，任务越困难，自我效能对完成该任务有越积极的影响。而在以前面临该任务的表现是自我效能和结果预期重要的前置因素。在本章中，我们将通过考虑个人要素——自我效能和结果预期，以及重要的环境要素——直接领导的影响，来研究影响员工对信息系统安全政策遵守行为的因素。

4.3　威　慑　理　论

威慑理论的主要观点认为随着人们感知惩罚的确定性和严重性的增加，违规的行为将会减少[7]。也就是说，不希望发生的行为可以被惩罚的威胁震慑。其中，惩罚确定性是指人们的违规行为受到惩罚的可能性；惩罚严重性是指人们的违规行为受到惩罚的严厉程度。威慑研究显示对惩罚的恐惧可以防止多种背离行为和违规行为[8]。例如，感知惩罚的确定性和严重性与一些社会背离行为意向负相关，如在工作场所偷窃或私自使用工作设备[8]。威慑是减少负面行为的有效机制，经常被用来作为有效的管理机制。虽然有很多的犯罪学研究证明感知惩罚确定性比严重性有更强的威慑作用[9]，但也有一些研究发现感知惩罚严重性与确定性有相同的威慑作用[8]。

在信息系统领域，用于减少系统威胁的组织策略通常包括四个阶段，即威慑、预防、检测和补救，这四个阶段称为一个安全行为周期[10]，如图 4.2 所示。基于这个周期，有效的信息系统安全管理的目的在于将威慑和预防计算机滥用行为的作用最大化，将检测和补救的事故数量最小化[11]。目前研究主要集中于安全行为周期的第一个阶段，即减少信息系统误用的威慑策略。这样可以将减少系统威胁的经济与人力的消耗降至最低。

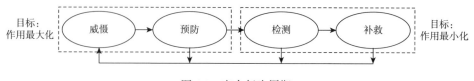

图 4.2　安全行为周期

在信息安全方面，员工行为的不确定性产生于员工和管理（特别是 IT 管理）的利益相冲突。在组织中，员工可能会为某种恶意的目的选择违反信息系统安全政策行为，或者仅仅为了方便而逃避信息系统安全政策。近来关于权限控制的研究发现员工相信较高的信息安全程度会限制他们遵循灵活的操作流程[12]。另外，员工与信息系统安全政策遵守相关的行为难以管理监控。监督员工遵守信息系统安全政策的表现需要监控。监控技术在社会包括工作地点使用得越来越普遍。虽然组织中的监控技术可以用来监督和控制员工行为，但是对每一个用户的每一个与安全相关的行为都进行监控则消耗极大，并且实践上的可执行性也较低。例如，可以部署网络监控来监督员工的在线操作行为，或者安装摄像头来获得一定程度的物理上的安全保证。但是，对于写出密码或与朋友分享密码的却是很难被监控的。与安全相关的行为与员工保护组织信息财产的心理动机相关，而这种心理动机则与员工对其所处的环境的意识和恐惧有关。因此，若想从根本上改善员工的信息系统安全政策的遵守行为，可以采取威慑的方式，改变或阻止员工违反信息系统安全政策的意识，提高组织的信息安全程度。

威慑理论经常被用来探讨信息安全的问题。Straub 和 Welke[10]强调惩罚的确定性和严重性在员工培训机制中是非常重要的一部分，可以有效地减少安全违规及滥用行为。Herath 和 Rao[13]发现惩罚的确定性可以影响员工对信息系统安全政策的遵守意向，但惩罚严重性的影响并不显著。在本章将分别考虑感知惩罚确定性和严重性对员工的信息系统安全政策遵守行为的影响。

4.4　研究模型

本章基于社会认知理论和威慑理论提出影响员工的信息系统安全政策遵守行为的研究模型，如图 4.3 所示。

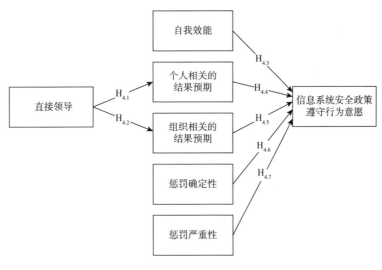

图 4.3　研究模型

4.4.1 社会认知因素——直接领导

已有研究证实组织高层对员工执行信息安全行为的重要作用[14]。本节进一步考虑直接领导可能对员工有更强的影响作用。Liu 等[15]的研究发现组织中的直接领导对员工个人层面的 ERP（enterprise resource planning，即企业资源计划）技术的吸收有显著的影响。在他们的案例研究中发现直接领导对员工的影响作用甚至要比组织高层更显著。社会认知理论的环境要素可以包括他人的影响、可用资源和物理条件等[1]。根据 Liu 等[15]的研究，我们假设在组织中直接领导比组织高层对员工有更加重要的影响作用。即使个人并不喜欢执行某项行为，但是对于他来说重要的人认为他应该这样做并且鼓励他做的话，那么他也会执行这项行为[16]。此外，Lewis 等[17]阐明如果一个在相关社会网络中的直接领导认为某项技术是有用的，并且在组织中分享这种认知，那么该领导的下属员工也会产生类似的想法。直接领导可以通过奖励、鼓励和强调信息安全政策的重要性等方式影响员工的结果预期。因此，提出以下假设。

H$_{4.1}$：直接领导与员工的个人相关的结果预期正相关；

H$_{4.2}$：直接领导与员工的组织相关的结果预期正相关。

4.4.2 社会认知因素——自我效能

自我效能定义为个人对自己具有执行信息系统安全政策遵守行为的能力的信念。如果个人对自己执行某项行为有信心，或者感知到这项行为不是很困难，他们会更有可能执行该项行为[18]。已有研究证实自我效能对信息系统安全政策遵守行为意愿的积极作用[13,19]。依照之前的结论，提出以下假设。

H$_{4.3}$：员工的自我效能正向影响其对信息系统安全政策的遵守。

4.4.3 社会认知因素——结果预期

结果预期是指个人对所完成任务可能产生结果的判断[3]。在本章中，将其定义为员工感知到其遵守信息系统安全政策可能产生的结果。我们将结果预期分为两个方面：与个人相关的结果预期和与组织相关的结果预期。与个人相关的结果预期是指员工对其遵守信息系统安全政策可能对个人产生的结果的判断，包括工作绩效的提高（如工作效率、个人的信息安全等）、工作满意度的改善、形象地位的提升和所获得的奖励（如升职、表扬等）；而与组织相关的结果预期是指员工对其遵守信息系统安全政策可能对组织产生的结果的判断，包括组织信息安全程度的改善、企业的信誉、潜在顾客及其他利益。

根据社会认知理论，人们会趋于执行可能获得奖励或产生好的结果的行为。

在信息系统领域已有一些研究支持该论断。例如，Compeau 和 Higgins[2]发现与绩效相关的结果预期对个人计算机的使用有显著的影响作用。类似地，当员工认为遵守信息系统安全政策将为个人和组织带来利益时，根据趋利避害的理性行为人准则，他们将倾向于遵守相关政策制度的规定。因此，提出以下假设。

$H_{4.4}$：员工的与个人相关的结果预期正向影响其对信息系统安全政策的遵守；

$H_{4.5}$：员工的与组织相关的结果预期正向影响其对信息系统安全政策的遵守。

4.4.4　威慑因素——惩罚的确定性和严重性

Skinner 和 Fream[20]发现在研究员工非法使用他人计算机账户的行为意愿中，感知惩罚严重性比确定性有更加重要的影响。Peace 等[21]发现惩罚严重性和确定性都可以显著影响人们对于工作场所软件保密性所持的态度。在本章中，定义感知惩罚确定性为员工违反信息系统安全政策所感知到受到惩罚的可能性。员工感知到违反安全政策带来惩罚的可能性越大，他们的违规行为会越少。定义感知惩罚严重性为员工违反信息系统安全政策所感知到可能受到惩罚的严厉程度。如果员工的行为使组织出现某种安全漏洞，组织会调查漏洞的原因并给予该员工惩罚[13]。员工感知到这种惩罚的程度越严重，他们的违规行为越减少。因此，提出以下假设。

$H_{4.6}$：惩罚确定性正向影响其对信息系统安全政策的遵守；

$H_{4.7}$：惩罚严重性正向影响其对信息系统安全政策的遵守。

4.5　研　究　设　计

4.5.1　变量测量

本章属于企业中个体层面的研究，所需数据无法从公开资料中获得，因此，数据采集使用了问卷调查的方式。为了使本章模型中所提出建构的测量量表的可靠性最大化，尽可能地选取之前研究中证明有效的测量量表。

关于员工对信息系统安全政策遵守行为的题项选取自 Siponen 等[22]。每个题项代表与遵守信息系统安全政策相关的一种真实行为，包括自身、推荐他人和帮助他人遵守公司的信息系统安全政策。自我效能的题项取自 Herath 和 Rao[13]。与个人相关的结果预期和与组织相关的结果预期的题项取自 Chiu 等[3]。对于直接领导的影响没有找到适合的研究量表，因此，根据模型中构建的定义自行开发了七个题项。惩罚的确定性和严重性的题项取自 Herath 和 Rao[13]与 D'Arcy 等[23]。这两个构建题项的设计包括了惩罚的可能性和可能受到的惩罚的陈述。

本节的量表结合相关研究背景下文献的总结及指导老师和专家的意见设计而

成。为了保证每个构建有较好的效度和一致性，除了惩罚确定性外，每个构建的测量题项均在三个及以上。并使用利克特 5 级尺度量表对变量进行刻度。变量的测量题项如表 4.1 所示。

表 4.1　测量量表

变量	测量项	测量项内容
直接领导	Supinf1	我的直接领导支持并鼓励我遵守公司的信息系统安全政策
	Supinf2	我的直接领导会表扬或者奖励积极遵守公司信息系统安全政策的员工
	Supinf3	我的直接领导以身作则地遵守公司的信息系统安全政策
	Supinf4	我的直接领导经常向我们强调员工遵守公司的信息系统安全政策对保护公司信息非常重要
	Supinf5	我的直接领导认为员工遵守公司的信息系统安全政策是公司进行商业活动的基础
	Supinf6	我的直接领导认为员工遵守公司的信息系统安全政策会给公司带来利益
	Supinf7	我的直接领导经常组织关于信息安全方面的会议或讲座
自我效能	Seef1	我有信心能够遵守公司的信息系统安全政策
	Seef2	只要我愿意，遵守公司的信息系统安全政策不是件困难的事
	Seef3	在没有别人帮助的情况下，我自己也可以遵守公司的信息系统安全政策
	Seef4	如果我有能力遵守公司的信息系统安全政策，我会觉得心情愉悦
个人相关的结果预期	Peout1	遵守公司的信息系统安全政策会使我觉得履行了自己的责任
	Peout2	遵守公司的信息系统安全政策会使我的工作更有效率
	Peout3	遵守公司的信息系统安全政策会使我的信息更加安全
	Peout4	遵守公司的信息系统安全政策可以给我带来有形的或者无形的奖励
组织相关的结果预期	Orgout1	我遵守公司的信息系统安全政策可以使公司的信息更加安全
	Orgout2	我遵守公司的信息系统安全政策可以给我的公司带来直接的或者间接的利益（如提高声誉等）
	Orgout3	我遵守公司的信息系统安全政策可以为我的公司长期发展带来帮助
惩罚确定性	Cerpun1	公司有严密的信息系统安全政策监督员工使用计算机
	Cerpun2	如果我违反了信息系统安全政策，我很可能会被公司发现
惩罚严重性	Sevpun1	公司会惩罚违反了信息系统安全政策的员工
	Sevpun2	如果我被发现因违反了信息系统安全政策给公司带来了损害，我会受到严厉的惩罚
	Sevpun3	如果我被发现多次违反公司的信息系统安全政策给公司带来了较大损害，公司可能会将我解雇
遵守行为意愿	Com1	我自愿遵守公司的信息系统安全政策
	Com2	我建议我的同事遵守公司的信息系统安全政策
	Com3	我帮助我的同事遵守公司的信息系统安全政策

4.5.2　试测

在问卷初步设计完成后，首先由几名实证调查研究方法经验丰富的信息安全研究方向的博士生和专家进行了问卷的预测试。根据他们的建议，对问卷的表达方式和遣词造句进行了斟酌修改，以保证题项的准确性和适合性。尽量不在问卷中出现不必要的术语，以减少由于心理偏好造成的影响。在出现专业词语时（如信息系统安全政策），对词语的意思进行解释说明，保证问卷的简单易懂。

在预测试结束后，对问卷进行预调研。这个过程是为了保证被调查者的完成时间不能过长，并且问卷中的词语准确且易懂。在被调查者填写问卷的过程中，如果发现问卷有任何语意不明、填答困难的问题时，立刻向研究者提出疑问，以确认问卷受测者对问卷的理解与题项所要表达的意思相同。然后使用数据分析软件 SmartPLS 2.0 对所得数据进行分析，来衡量量表的可靠性程度。研究结果表明除了 Supinf7 之外，其他测度项的信度均在 0.7 以上。为了保证良好的信度结果，删除该测度项。

4.5.3　数据收集

通过电子问卷进行数据的收集。参与者采取匿名回答的形式。我们共向不同行业、不同背景的 260 名公司员工发送了调查问卷的邀请邮件，问卷收集的过程大概持续了一个月，共收到 212 份有效问卷，回应率为 81.5%。关于被调查者的人口特征统计如表 4.2 所示。

表 4.2　人口特征统计

项目	属性	频次	比例
性别	男	144	67.9%
	女	68	32.1%
年龄	30 岁以下	190	89.6%
	30~50 岁	22	10.4%
	50 岁以上	0	0
教育背景	高中	5	2.4%
	本科	128	60.4%
	硕士	76	35.8%
	博士	3	1.4%

续表

项目	属性	频次	比例
行业	市场类	4	1.9%
	财经类	14	6.6%
	IT 类	57	26.9%
	通信类	32	15.1%
	制造业	29	13.7%
	教育业	8	3.8%
	物流	8	3.8%
	零售业	4	1.9%
	政府部门	8	3.8%
	建筑业	14	6.6%
	其他	34	16.0%
公司规模（员工人数）	300 人以下	59	27.8%
	300~1 000 人	44	20.8%
	1 000~2 000 人	21	9.9%
	2 000~5 000 人	27	12.7%
	5 000 人以上	61	28.8%
工作中使用电脑的时间/	1 小时以下	3	1.4%
（小时/天）	1~3 小时	15	7.1%
	4~6 小时	33	15.6%
	7~10 小时	112	52.8%
	10 小时以上	49	23.1%

注：由于舍入修约，数据存在误差

　　从表 4.2 中可以看出，被调查者中有 144 名男性(67.9%)，68 名女性(32.1%)。被调查者来自不同的行业，有不同的学历背景。被调查者所在公司规模从 300 人以下小规模企业，到 5 000 人以上的大规模企业，分布比较平均。这些特征保证了资料来源的广泛性及数据的普遍性。并且从表 4.2 中可以看出，75.9% 的被调查者每天在工作中使用电脑的时间都在 6 个小时以上，表明被调查者有较多的接触和使用计算机或信息资源的机会，这也进一步保证了被调查者的适合性。

4.6　数据处理与结果

4.6.1　测量模型检验

采用 CR 和 Cronbach's α 来表征测量信度，当 CR 和 Cronbach's α 均大于 0.7 时表明信度良好[24]。采用如下标准测量收敛效度[25]：①所有测量项的因子载荷大于 0.7；②每个变量的 AVE 应该大于测量误差方差，即 AVE 大于 0.5。根据表 4.3，所有变量的 CR 和 Cronbach's α 均大于 0.7 表明信度良好。根据表 4.4，绝大多数测量项的因子载荷均显著且大于 0.7，并据此删除 7 个因子载荷过低的测量项。另外，依据表 4.3 的结果，所有变量的 AVE 值均高于 0.5 参考值。数据收敛效度在可以接受的范围内。良好的区分效度要求 AVE 的平方根值大于所有的相关系数[25]。如表 4.3 所示，每个变量的 AVE 值的平方根数值均大于任何一个相关系数值，表明区分效度良好。

表 4.3　信度和效度检测结果

潜变量	AVE	CR	Cronbach's α	1	2	3	4	5	6
直接领导	0.697	0.933	**0.913**	**0.835**					
惩罚确定性	0.867	0.920	0.830	0.698	**0.923**				
惩罚严重性	0.790	0.918	0.867	0.688	0.707	**0.889**			
组织相关的结果预期	0.789	0.918	0.866	0.679	0.620	0.579	**0.888**		
个人相关的结果预期	0.696	0.901	0.855	0.682	0.547	0.523	0.765	**0.834**	
自我效能	0.637	0.876	0.811	0.657	0.515	0.581	0.680	0.712	**0.798**
遵守行为意愿	0.796	0.921	0.871	0.686	0.554	0.594	0.669	0.708	**0.594**	**0.892**

注：加粗数字为 AVE 平均值

表 4.4　因子负荷矩阵及交叉负荷

测量项	直接领导	惩罚确定性	惩罚严重性	组织相关的结果预期	个人相关的结果预期	自我效能	遵守行为意愿
Supinf1	**0.822**	0.597	0.591	0.585	0.561	0.568	0.563
Supinf2	**0.772**	0.499	0.487	0.543	0.627	0.493	0.543
Supinf3	**0.836**	0.579	0.599	0.532	0.562	0.530	0.527
Supinf4	**0.849**	0.577	0.565	0.532	0.510	0.487	0.550
Supinf5	**0.869**	0.624	0.635	0.567	0.549	0.601	0.629
Supinf6	**0.861**	0.620	0.596	0.633	0.597	0.603	0.619
Cerpun1	0.587	**0.901**	0.596	0.482	0.413	0.423	0.431
Cerpun2	0.692	**0.945**	0.702	0.643	0.576	0.516	0.574

续表

测量项	直接领导	惩罚确定性	惩罚严重性	组织相关的结果预期	个人相关的结果预期	自我效能	遵守行为意愿
Sevpunl	0.639	0.673	**0.861**	0.521	0.509	0.519	0.656
Sevpun2	0.593	0.574	**0.894**	0.466	0.447	0.534	0.593
Sevpun3	0.584	0.589	**0.911**	0.555	0.470	0.572	0.596
Orgoutl	0.620	0.545	0.560	**0.872**	0.610	0.676	0.640
Orgout2	0.630	0.576	0.506	**0.900**	0.509	0.575	0.559
Orgout3	0.555	0.529	0.476	**0.894**	0.615	0.554	0.578
Peoutl	0.588	0.460	0.508	0.613	**0.832**	0.546	0.535
Peout2	0.494	0.398	0.339	0.548	**0.848**	0.491	0.486
Peout3	0.582	0.482	0.463	0.554	**0.820**	0.596	0.565
Peout4	0.594	0.473	0.451	0.626	**0.836**	0.498	0.534
Seefl	0.647	0.460	0.601	0.567	0.575	**0.865**	0.514
Seef2	0.427	0.429	0.556	0.485	0.426	**0.838**	0.498
Seef3	0.435	0.403	0.492	0.510	0.485	**0.816**	0.591
Seef4	0.553	0.359	0.383	0.596	0.644	**0.772**	0.694
Coml	0.601	0.499	0.615	0.640	0.592	0.646	**0.906**
Com2	0.587	0.445	0.510	0.564	0.627	0.528	**0.923**
Com3	0.648	0.534	0.526	0.581	0.676	0.648	**0.847**

注：加粗数字为 AVE 平均值

4.6.2　假设检验结果

使用软件 SmartPLS 2.0 进行员工对信息系统安全政策遵守行为概念模型的路径系数的 Bootstrap 检验，结果如图 4.4 所示。从图 4.4 可以看出，社会认知理论因素和威慑理论因素可以解释 69.2%的因变量，即员工对信息系统安全政策遵守行为。这说明本章所提出的模型有较高的解释度。而直接领导的影响可以解释 46.6%的员工与个人相关的结果预期和 46.2%的员工与组织相关的结果预期。

结果表明直接领导的影响对员工与个人相关的结果预期和其与组织相关的结果预期之间的影响关系都在 $p<0.001$ 的水平上显著，因此 $H_{4.1}$ 和 $H_{4.2}$ 得到支持。员工的自我效能对其遵守信息安全的行为的影响在 $p<0.001$ 的水平上显著，因此 $H_{4.3}$ 得到支持。员工的与个人相关的结果预期和感知惩罚严重性对其遵守信息系统安全政策行为的影响在 $p<0.05$ 的水平上显著，因此 $H_{4.4}$ 和 $H_{4.7}$ 得到支持。而与组织相关的结果预期和感知惩罚确定性对员工遵守信息系统安全政策行为的影响不显著，因此 $H_{4.5}$ 和 $H_{4.6}$ 被拒绝。

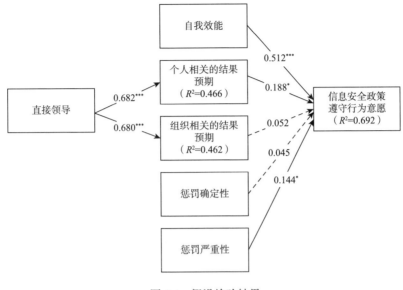

图 4.4   假设检验结果

***表示 $p<0.001$，*表示 $p<0.05$

虚线表示路径系数不显著（$p>0.05$）

4.7   研究结论与不足

本章通过结合社会认知理论和威慑理论，提出了一个集成的研究模型，考虑影响员工对组织信息系统安全政策遵守行为的关键要素。结果显示员工的自我效能、与个人相关的结果预期和感知惩罚严重性都对其遵守信息系统安全政策的行为有着非常显著的影响。此外，直接领导的影响通过作用于员工对行为结果的预期，进而影响其对信息系统安全政策的遵守行为。

直接领导的影响与员工的与个人相关的结果预期和与组织相关的结果预期都有显著的正相关关系。这说明直接领导在组织的安全管理过程中起到非常重要的作用。直接领导的鼓励、表扬及他们在遵守信息系统安全政策方面的以身作则都会显著影响员工对遵守信息系统安全政策的结果预期。如果员工能够明显感觉到直接领导对信息安全的重视，或者从直接领导的言语和行为中能够感受到遵守信息系统安全政策能够给他们带来利益，员工会更愿意遵守该政策。研究结论提示企业的领导者应充分发挥员工的直接领导的导向和带头作用。直接领导对员工有着非常重要的影响。由直接领导向员工强调信息安全及信息系统安全政策的重要性，比较容易让员工接受，从而达到事半功倍的效果。直接领导首先应该以身作则，主动执行信息安全行为，遵守信息系统安全政策；其次，组织中的直接领导应不断强调信息安全的重要性，增强员工的信息安全意识。

员工的自我效能对其遵守信息系统安全政策行为有非常显著的影响，表明员工对自我能力的认知对其遵守行为的影响非常重要。因此，组织应该使信息系统安全政策和流程清晰易懂，并且应该向员工提供此方面的培训，使其对自己具有能够遵守组织中的信息系统安全政策的能力更有信心。

研究还发现员工的与个人相关的结果预期对其遵守信息系统安全政策的行为有着显著的影响，但是与组织相关的结果预期对员工的遵守行为的影响并不显著。正如社会认知理论中所提到的，个人会趋向于执行能够给其带来利益的行为。因此，我们建议组织中信息系统安全政策的设计应该强调遵守该政策能够给个人带来的利益，当员工遵守信息系统安全政策时，他们可以得到的表扬、奖励及其他的利益。

此外，关于惩罚因素的研究，发现员工感知惩罚严重性对其遵守信息系统安全政策的行为有显著的影响，但是感知惩罚确定性的影响效果并不显著。如果员工感知到他们违反信息系统安全政策的行为将会给其带来严重的惩罚，他们遵守信息系统安全政策的可能性会增大。这是一个很有意思的结论。此结论与之前学者在社会学和心理学方面关于威慑理论应用研究的结论是不一致的。大部分关于威慑理论的研究发现感知惩罚确定性对个人行为的影响效果非常显著，而感知惩罚严重性对个人行为的影响并不显著[9]。但是，本章内容的结果与学者 Skinner 和 Fream 的基于威慑理论的研究结果相同[20]，却与前面提到的其他学者的研究结论相反。D'Arcy 等[23]在信息安全领域的研究中发现了和本章内容相同的结果。可能的解释是目前的中国企业对信息的保护意识较为薄弱，很多企业并没有非常完整的信息系统安全政策及规章制度。因此，当员工违反信息系统安全政策时，他们认为自己的违反行为被发现的可能性很小，即所感知的惩罚确定性较低，因此，感知惩罚确定性对员工违反信息系统安全政策的威慑影响不显著。但是一旦员工违反信息系统安全政策的行为造成了严重的后果，给组织带来较大的损失，员工会受到较为严厉的惩罚。而员工也可以清楚地认识到这一点，这就使得感知惩罚严重性给员工带来的影响更为显著。

4.8 小   结

本章以社会认知理论和威慑理论为基础构建研究模型，探讨员工遵守信息系统安全政策的关键要素，揭示社会认知要素和威慑在员工遵守信息系统安全政策中的关键性作用。采用网络问卷随机获取有效样本，并采用结构方程对研究模型进行检验。研究结果发现惩罚严重性对员工的信息系统安全政策遵守行为意愿起约束作用，而惩罚确定性则不起作用。此外，自我效能和与个人相关的结果预期对员工遵守信息系统安全政策的行为意愿起积极作用，但是与组织相关的结果预期不起作用。研究还发现直接领导对于员工结果预期的预测作用。

参 考 文 献

[1] Bandura A. Social Foundations of Thought and Action：A Social Cognitive Theory[M]. Englewood Cliffs：Prentice-Hall，1986.

[2] Compeau D R，Higgins C A. Computer self-efficacy：development of a measure and initial test[J]. MIS Quarterly，1995，19（2）：189-211.

[3] Chiu C M，Hsu M H，Wang E T G. Understanding knowledge sharing in virtual communities：an integration of social capital and social cognitive theories[J]. Decision Support Systems，2006，42：1872-1888.

[4] Eisenberger R，Stinglhamber F，Vandenberghe C，et al. Perceived supervisor support：contributions to perceived organizational support and employee retention[J]. Journal of Applied Psychology，2002，87（3）：565-573.

[5] Lin C P，Bhattacherjee A. Understanding online social support and its antecedents：a socio-cognitive model[J]. Social Science Journal，2009，46：724-737.

[6] Bolt M A，Killough L N，Koh H C. Testing the interaction effects of task complexity in computer training using the social cognitive model[J]. Decision Sciences，2001，32（1）：1-20.

[7] Gibbs J P. Crime，Punishment，and Deterrence[M]. New York：Elsevier，1975.

[8] Nagin D S，Pofarsky G. Integrating celerity，impulsivity，and extralegal sanction threats into a model of general deterrence and evidence[J]. Criminology，2001，39（4）：865-891.

[9] Hirsch V A，Bottoms A E，Burney E，et al. Criminal Deterrence and Sentence Severity：An Analysis of Recent Research[M]. London：University of Cambridge Press，1999.

[10] Straub D W，Welke R J. Coping with systems risk：security planning models for management decision making[J]. MIS Quarterly，1998，22（4）：441-469.

[11] Theoharidou M，Kokolakis S，Karyda M，et al. The insider threat to information systems and the effectiveness of ISO 17799[J]. Computers and Security，2005，24（6）：472-484.

[12] Post G V，Kagan A. Evaluating information security tradeoffs：restricting assess can interfere with user tasks[J]. Computers and Security，2007，26（3）：229-237.

[13] Herath T，Rao H R. Encouraging information security behaviors in organizations：role of penalties，pressures and perceived effectiveness[J]. Decision Support Systems，2009，47（2）：154-165.

[14] Hu Q，Dinev T，Hart P，et al. Managing employee compliance with information security polities：the critical role of top management and organizational culture[J]. Decision Science，2012，43（4）：615-660.

[15] Liu L N，Feng Y Q，Hu Q，et al. From transactional user to VIP：how organizational and cognitive factors affect ERP assimilation at individual level[J]. European Journal of Information Systems，2011，20：186-200.

[16] Venkatesh V，Davis F D. A theoretical extension of the technology acceptance model：four longitudinal field studies[J]. Management Science，2000，46（2）：186-204.

[17] Lewis W，Agarwal R，Sambamurthy V. Sources of influence on beliefs about information technology use：an empirical study of knowledge workers[J]. MIS Quarterly，2003，27（4）：657-678.

[18] Bandura A. Self-efficacy：towards a unifying theory of behavioral change[J]. Psychological Review，1997，84：191-215.

[19] Bulgurcu B，Cavusoglu H，Benbasat I. Information security policies compliance：an empirical study of rationality-based beliefs and information security awareness[J]. MIS Quarterly，2010，34（3）：523-548.

[20] Skinner W F，Fream A M. A social learning theory analysis of computer crime among college students[J]. Journal of Research in Crime and Delinquency，1997，34（4）：495-518.

[21] Peace A G，Galletta D F，Thong J Y L. Software piracy in the workplace：a model and empirical test[J]. Journal of Management Information Systems，2003，20（1）：153-177.

[22] Siponen M T，Pahnila S，Mahood M A. Compliance with information security polities：an empirical investigation[J]. Computer，2010，43（2）：64-71.

[23] D'Arcy J，Hovav A，Galletta D F. User awareness of security countermeasures and its impact on information systems misuse：a deterrence approach[J]. Information Systems Research，2009，20（1）：79-98.

[24] Gefen D，Straub D W，Boudreau M C. Structural equation modeling and regression：guidelines for research practice[J]. Communications of the Association for Information Systems，2000，4（7）：1-77.

[25] Fornell C，Larcker D F. Evaluating structural equation models with unobservable variables and measurement error[J]. Journal of Marketing Research，1981，18（1）：39-50.

第5章 道德推脱与信息系统安全政策违背意愿的关系研究：以组织伦理氛围为调节变量

5.1 问题概述

道德被认为是通过共同标准或规范的普遍约束力来达到塑造与指引个体行为的目的的重要途径。然而，道德的自我管理存在失效的风险，即员工往往会通过道德推脱策略来美化或扭曲对于自身偏误行为的认知并使其"合理化"，并且不会有任何的内疚感或自我谴责。由此，道德推脱成为员工实施违规行为的重要诱因之一。然而，已有文献对于如何矫正员工的道德推脱缺少深入的探讨。社会认知理论将个体行为看作内在因素与外在环境相互作用的结果。那么在员工采取道德推脱的错误认知前提下，通过对外在环境的探讨，有可能会发现抑制或者解决道德推脱所引发的违规行为的关键要素。尝试揭示自我管理的伦理约束对于信息安全行为的关键作用机制，并引入组织伦理氛围探讨道德失衡情境下员工的信息安全行为矫正。整合道德推脱理论[1]和组织伦理氛围[2]理论构建研究模型，揭示如下科学问题：①道德推脱与信息系统安全政策违背行为意愿之间的路径关系；②不同类型的组织伦理氛围在上述路径中的调节作用。

5.2 道德推脱与违规行为

道德推脱是指个体产生的一系列认知倾向，包括重新定义自身行为使其看上去伤害性更小、最大限度地减少个体的行为责任，或者削弱对他人造成的伤害的认知等[3]，用于解释为什么个体实施不道德的行为却没有表现出内疚或自责。通常情况下，个体的诸多行为都受到道德的支配作用，由此表现出的行为结果往往也会符合个体和社会的道德认可。然而道德推脱的出现导致道德自我管理的失效，个体通过一定的借口或者"理由"对非伦理性行为进行"合理化"，使得这些行为所产生的伤害看上去不可避免，从而抑制个体内疚等道德性威慑的产生[4]。

有研究指出道德推脱与中和技术相似，认为两个理论均是通过探究认知过程来理解为什么具有道德或规范信念的个体会实施不当行为。尽管存在一定程度上的一致性，道德推脱与中和技术在维度构成及内涵上仍然存在重要的差别[5]。首先，两者的理论起源不同。中和技术理论是犯罪学领域的重要理论，它提供了一系列的途径或手段来渲染当前规则的无效性，从而为违背规则的不当行为进行辩护。肇事者通过采用中和技术来合理化自身的不当行为，从而使自己沉浸于自我设定的无辜者的心理幻象之中，以此逃避道德压力。Siponen 和 Vance[6]分析了六种中和技术手段，并将其应用到解释信息系统安全政策违背行为中，研究结果表明使用中和技术可以帮助员工逃避羞耻感和来自他人的责备或不认可，同时组织正式威慑机制的作用受到抑制。道德推脱起源于社会心理学研究领域，是社会认知理论中的重要概念，用于解释为什么道德规范有时难以抑制非道德性决策或行为的产生。其次，两者的维度发展与适用性不同。中和技术理论所囊括的基本维度都是基于犯罪学研究讨论的结果，因此该理论对于犯罪行为有着较强的解释力。而信息安全违规行为尽管在一定程度上带有犯罪属性，如窃取机密和破坏信息资产等，然而信息安全管理研究情境下的多数研究仅仅局限于对诸如互联网、邮件、计算机、密码等的使用探讨，更多地强调对信息系统安全政策的遵守与违背。政策相关的行为与犯罪行为相比有着一定程度上的不同，如员工使用密码与否、工作时间通过互联网娱乐等行为显然不能算作犯罪行为的范畴。因此，应用犯罪学领域的中和技术理论去解释信息安全行为可能在研究逻辑上和适用性上存在一定的问题。反而，道德推脱在之前的组织行为学研究中被广泛应用于解释诸如反生产行为、不道德的组织行为等偏离行为。信息安全行为作为组织员工行为的一种，采用道德推脱理论更加符合研究逻辑与理论适用性的基本要求。

道德推脱是一个多维度变量，包括八种认知机制[1, 7]，即道德辩护（moral justification）、委婉标签（euphemistic labeling）、有利比较（advantageous comparison）、转嫁责任（displacement of responsibility）、分散责任（diffusion of responsibility）、忽视或扭曲结果（disregard or distortion of consequences）、非人性化（dehumanization）和责备归因（attribution of blame）。道德辩护、委婉标签和有利比较这三种机制的主要目的在于减少个体从事不当行为的道德响应和责任感，通过调整个体行为的道德认知或重建对不当行为的认知，从而弱化不当行为的伤害性或不道德性[4]。转嫁责任、分散责任和忽视或扭曲结果三种机制通过掩盖或者转移责任归属、将个体责任或行为结果置换于其他人，或者故意模糊甚至歪曲事实等手段借助组织环境达成实施不当行为的目的。非人性化和责备归因两种机制通过重塑自身行为的有效性发挥作用，如减少对受害者的认同或故意贬低受害者来达到摆脱道德约束的目的。

5.2.1 道德辩护

通过道德辩护，个体尝试将不道德行为描述或者合理化为在价值观和道德驱使下的要求所导致，从而减轻个体在不道德行为实施过程中的负罪感和后悔心理。Bandura 等[8]认为对有害行为进行道德重构并冠以价值性目的可以用于解释诸如暴力犯罪等不当行为。Barsky[9]通过实证研究发现道德辩护与个人做出非道德决策的倾向显著相关。信息安全情境下，Puhakainen[10]发现员工往往会认为信息系统安全政策所要求的流程将拖慢他们的工作效率。由此，出于节约时间或增强工作效率的需要，员工会认可违背信息系统安全政策规定的行为。

5.2.2 委婉标签

委婉标签即通过采用一些道德上带有中立性质的语言重新表述定义或解释有害行为，使其看上去显得无害甚至有利，从而在这种似乎合理的伪装解释下，有害行为变得容易被接受。然而一旦个体通过委婉标签对有害行为进行伪装，那么也就意味着他们开始寻找合适的理由去规避基本的工作职责与义务。在信息安全情境下，员工可以借助委婉标签将违规行为重新表述为不值得一提的小事等，从而为违规行为寻找到一个看似合理的借口。

5.2.3 有利比较

有利比较是通过比较原则使不当行为看似正当。通过对比将要从事的不当行为与性质更为恶劣严重的其他行为，模糊对于不当行为不良后果的认知，从而达成对从事不当行为的谅解。例如，信息系统安全政策往往会规定严禁同事之间分享工作密码，然而密码分享与恶意的计算机犯罪相比，员工可能认为后者带来的消极后果远甚于前者，从而分享密码的行为对于信息安全来讲并不值得过度担心。

5.2.4 转嫁责任

转嫁责任通常将个体的责任归结为上级指示或默许[11]，认为正是因为来自权威（如领导）的要求，才有了自己实施不当行为的机会，自身在不当行为的实施中并不应该负有责任。因此，一旦不当行为超出了道德所接纳的范围，这种自我豁免机制将驱使员工把行为责任推卸给领导，而不是自我担当。Barsky[9]的研究揭示了转嫁责任与个体实施欺诈行为意愿之间的正向关系。信息安全情境下，转嫁责任机制为员工链接未经安全认证的 Wi-Fi 设备的行为找到了"合理的"解释，即这么做正是因为领导的催促才不得已而为之的结果。

5.2.5　分散责任

工作环境中，责任的分散往往借由劳动分配过程得以实现，员工必须承担自身工作中所涉及的权责义务。然而 Zhang 等[12]的研究却发现组织提供的保护技术越完备，员工反而越会忽视或者不太注意信息系统安全政策的相关规定。这也就意味着，员工可能会否认自身的信息安全义务，并认为 IT 支持部门应该对整个组织的信息安全负责。此外，责任分散还可能发生于组织成员之间。当群体成员都在从事某项不当行为的时候，不会有个体会因此受到责罚，认为群体过失不应由其中的个体来担责。在信息安全情境下，员工可能会将自己的不当行为归咎于周围同事在从事相同或类似的行为，而周围同事的唆使和诱导是自己违背工作职责触犯制度的主因。

5.2.6　忽视或扭曲结果

忽视或扭曲结果助长个体有意识地忽略有害结果或者歪曲事实。当个体因自身利益或社会压力而从事不当行为时，会有意识地避免直面可能的消极后果，或者尽量轻描淡写。信息安全研究认为，对信息安全风险具有较高意识的员工往往会倾向于采取积极的应对措施或遵守信息系统安全政策的规定[13~15]，因为他们对安全风险所带来的消极后果有所顾虑[16]。然而，通过采用认知扭曲的方式有意识地忽视这种消极后果将消除负罪感等顾虑。例如，实施密码共享行为的员工可能会故意扭曲该行为所带来的潜在风险，认为分享密码并不会给组织带来任何伤害或者组织过分夸大了分享密码的后果。

5.2.7　非人性化

采用非人性化手段的个体通常将其不当行为中的受害者贬低为不应该作为基本人群来考虑的范畴。Bandura[1]认为道德的自我谴责依赖于肇事者对于受害方的认知，那些以非人的方式看待受害者的人往往会认为自己不当行为中的受害者是应该被伤害或者不值得进行道德考虑。肇事者很难承认自己的行为过失，并认为对受害者的伤害理所应当。在信息安全情境下，公平知觉是 IT 遵守达成的重要前提[17,18]。但是，一旦员工认为自己被不公平对待，或是自己的需求从未得到过实现，他们可能会通过报复等方式实施恶意的规则破坏行为[19]，同时认定自己的不当行为是组织应该承担的后果。

5.2.8　责备归因

责备归因是一种自我豁免机制。通常，人们会将自身的不当行为归结于有说服力的外部环境而淡化个人意志的决定性作用。如果周围环境没有提供施行积极行为的条件，那么从事不当行为会被认为合情合理。例如，设计高质量的信息系统安全政策是抑制信息安全不当行为的重要措施[20, 21]。那么一旦员工认为信息系统安全政策不完备或者不恰当，那么他们就找到了自身不当行为可以被接纳的借口。规范信念被认为是一种社会压力，可以驱使员工避免从事违规行为[22]。然而一旦员工认为组织中滥用计算机的行为已经普遍存在，那么规范信念的约束作用将在容忍滥用的氛围影响下失去效力[13]。由此，员工会将自身行为归咎于组织风气或是规范失效，而非自身的决策。

基于上述分析，在信息安全情境下，员工通过对自身的不当行为寻求合理化解释，借助道德推脱手段来避免实施不当行为过程中的道德压力。正是由于道德推脱的作用，员工可以摆脱道德束缚并将违规行为"合理化"。由此提出以下假设。

$H_{5.1}$：道德推脱对员工违背信息系统安全政策的意愿有正向影响作用。

5.3　组织伦理氛围的调节机制

组织氛围是指与其他组织区别开来的相对稳定的组织内部环境特征，是成员对于组织属性的总体性认知[23]。组织氛围通过共同价值观和信念的形成对组织成员的行为进行塑造[24]。由此，在组织氛围的影响作用下，员工往往会倾向于做出符合社会和他人期望的行为。组织伦理氛围作为组织氛围的一种，是"组织在处理伦理问题上的特征，即组织成员针对什么是合乎伦理的行为，以及如何处理伦理问题所达成的共识"[25]。它提供了一系列的参考标准，以协助员工在面临道德困境时进行决策[26]，同时它还明确了工作相关的是非，并提供了道德评价和问题解决的途径与方法[27]。

将组织伦理氛围引入信息安全管理中。无论员工出于何种动机和意愿去违背信息系统安全政策，这些违规行为无一例外与组织中的基本道德理性和伦理判断相冲突。当涉及个体决策、组织价值观和利益冲突之间的关系探讨时，道德往往发挥关键性的指导作用，以协助员工做出符合组织价值观和最大化组织利益的伦理性决策。而这种道德判断驱动下的个体伦理性行为的产生以组织伦理氛围的构建为前提。

Victor 和 Cullen[25]从伦理分析取向划定个人、组织和社会三个维度，并从伦理标准划分出自利、关怀和原则三个维度，从而以此为基础推导出九种类型的组织伦理氛围，包括自利、友谊、个人道德、公司利益、团体利益、规范和程序、效率、社会责任和法律法规。然而，后续研究过程中发现，这九种组织伦理氛围在不同的研究情境下并不能总是稳定地存在，只有四种类型的组织伦理氛围相对稳定地存在于不同的组织环境，即关怀导向型组织伦理氛围、法律法规导向型组织伦理氛围、工具导向型组织伦理氛围和独立导向型组织伦理氛围。以此划分为基础进行进一步的探讨。

5.3.1　关怀导向型组织伦理氛围

从功利主义视角出发，关怀导向型组织伦理氛围强调互惠原则。受到该种组织伦理氛围影响的员工往往更加关注他人利益，通过互助等方式实现团队或集体利益的最大化。这种关怀和考虑他人通常会在组织政策、实践和策略中得以支持体现[26]，即组织关注每位员工的个人利益，同时注重营造组织与个体之间及同事之间的关爱与互动，以望通过仁义互助氛围的形成减少个体实施不当行为的可能性。

信息安全情境下，组织致力于设计恰当、合理、公平的信息系统安全政策和流程[20]，同时从清晰性、完备性和一致性等角度提高制度条款的质量[28]。这些举措的目的在于组织希望通过改善政策机制的设计以协助员工理解组织的信息安全要求和愿景，同时以更加友好的方式降低员工的信息安全实践难度。这种从员工角度进行的考虑，可以看作组织对员工的一种关怀与协助，可以认为是关怀导向型组织伦理氛围的一种具体表象。

之前的研究认为关怀导向型组织伦理氛围能够有效避免员工从事非伦理性行为。关怀导向型组织伦理氛围推崇团队协作和情谊互助，驱动员工从基本的道德判断出发做出最符合伦理准则所认可的行为决策[29]。由此，当组织完善了相关的制度设计并提供必要的支持时，员工容易知觉到组织对于个体的期望与关注，从而倾向于从组织利益出发达成信息安全的要求。这也就意味着，处于关怀导向型组织伦理氛围下的个体会规避从事违规行为。由此，提出以下假设。

$H_{5.2}$：关怀导向型组织伦理氛围负向调节道德推脱与信息系统安全政策违背行为之间的关系。

5.3.2　法律法规导向型组织伦理氛围

法律法规导向型组织伦理氛围强调诸如国家法律法规、行业规章及组织的管理制度等外部约束的作用。通常，法律法规导向型组织伦理氛围影响下的员工会严格遵守法律和制度规范，从而表现出较高水平的道德认知及较少的非伦理行为[30]。信息系统安全政策是组织正式颁行的纲领性政策，表明了组织对于信息安全的基本需求和目标。从员工的角度来讲，信息系统安全政策设定了一系列的规范细则，对计算机设备（如信息系统等）和信息资源（如数据资料等）应该如何使用及哪些行为被禁止进行了明确的规定。此外，信息系统安全政策通常具有强制力，表现在威慑与奖励两个层面。威慑提供了一种风险评价机制，当员工知觉到被惩罚的可能性较高且后果较严重时将放弃实施违规行为[31~33]。而奖励则增加了强制力[34]，如果政策的制定没有相应的奖励激励与之适配，员工将怀疑政策的重要性和有效性。之前的研究通过实验证实奖励可以促进信息系统安全政策的遵守[35]。

综上，员工在法律法规导向型组织伦理氛围下倾向于做出伦理性行为。Banerjee等[36]的研究认为组织对于法律导向氛围的营造对员工自身的道德准则培养有着积极作用。Barnett 和 Vaicys[29]的研究发现法律法规导向型组织伦理氛围在个体的道德判断与行为意愿之间起调节作用，研究结论表明个体在法律法规导向型组织伦理氛围下很少会做出不恰当的举动。这些研究表明法律法规及组织规范等可以有效地校正个体的道德偏差和随后可能产生的非伦理性行为。在信息安全情境下，信息系统安全政策的实施同样可能会产生类似的作用，由此提出以下假设。

H$_{5.3}$：法律法规导向型组织伦理氛围负向调节道德推脱与信息系统安全政策违背行为之间的关系。

5.3.3　工具导向型组织伦理氛围

工具导向型组织伦理氛围是一种消极的伦理氛围，强调个体利益高于一切。在该氛围情境下，个体决策以个体利益的实现为出发点，并有意识地忽略由此产生的对他人或组织的消极副作用。由此，一旦组织中开始盛行这种个人主义氛围，员工秉承自利原则而忽视组织利益，那么道德决策过程将受到制约。信息安全情境下，员工往往依据理性选择进行决策，他们通常会首先对目标行为进行成本与利益的评估，而非伦理或安全风险层面的考虑。Hu 等[37]的研究认为员工对于行为利益的过分考量可能是导致组织威慑失效的重要原因，Vance 和 Siponen[38]的研究表明员工对于节约时间等个人利益的寻求是诱发他们实施违规行为的重要原因，Li 等[13]发现互联网滥用产生的利益将驱使员工放弃遵守互联网安全政策。此外，Cheng 等[39]归纳了导致不遵守行为发生的多种利益性要素，如节约金钱、获取更多的便利性，以及享受更多的工作乐趣等，这种利益知觉将诱发员工更多地忽视安全条款而出于个人目的在工作中使用互联网。大量研究表明个体对于不当利益的追逐是驱使他们放弃信息安全活动的重要诱因。一旦组织中产生了工具导向型组织伦理氛围，那么员工将更多地以个人利益为目的而放弃基本的道德价值判断，从而引发更多的违规行为。由此，工具导向型组织伦理氛围为道德推脱的产生提供了有利的环境，并将涌现更多的非伦理性行为，提出以下假设。

H$_{5.4}$: 工具导向型组织伦理氛围正向调节道德推脱与信息系统安全政策违背行为之间的关系。

5.3.4 独立导向型组织伦理氛围

独立导向型组织伦理氛围强调个人的自主性，组织会充分尊重与信赖员工个体的是非判断能力与问题决策能力，员工可以依据个人的经验和道德进行伦理决策。通常，独立导向型组织伦理氛围情境下的员工具有较强的自律性和高尚的职业操守。马璐和杜明飞[40]的研究发现独立导向型组织伦理氛围与员工的反伦理行为负相关，员工依据公认的道德原则进行行为决策从而避免实施组织不期望的消极行为。由此，信息安全情境下，独立导向型组织伦理氛围的发展有助于正向强化组织成员的道德认知，并约束道德推脱等消极层面的道德成分与非伦理性行为的发生，提出以下假设。

H$_{5.5}$: 独立导向型组织伦理氛围负向调节道德推脱与信息系统安全政策违背行为之间的关系。

5.4 研究模型

在对道德推脱及组织伦理氛围的内涵与作用进行分析之后，构建如图 5.1 所示的研究模型，认为道德推脱是诱导员工实施信息系统安全政策违背行为的重要因素，同时组织伦理氛围对两者之间的路径关系起调节作用。其中，关怀导向型、法律法规导向型和独立导向型的组织伦理氛围负向调节道德推脱与信息系统安全政策违背意愿之间的关系，工具导向型组织伦理氛围正向调节道德推脱与信息系统安全政策违背意愿之间的关系。

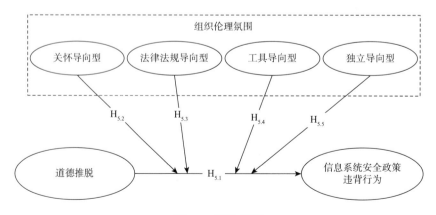

图 5.1　研究模型

5.5　研　究　设　计

5.5.1　情境设计

信息安全在组织中有可能是一个敏感性话题，特别是当员工在日常工作中真正实施了违规行为的时候，他们往往很难去承认自身的主观过失，从而排斥问卷填写或者故意采取错误填写等方式消极应对，显然这会导致相关变量测度的失败。为了尽可能地避免上述问题，研究采用基于情境的问卷设计方法（scenario-based questionnaires design method）测度相关变量。

基于情境的问卷设计方法在信息安全行为研究领域应用普遍，特别是在针对诸如计算机滥用、互联网误用、政策违背等消极行为的研究中比较常见[6, 41, 42]。该方法具有如下优点：①情境的设计虽然以现实为依据，但往往以非入侵式的方式呈现给受调者，以尽可能地剥离受调者在面对敏感问题时的恐惧感或顾虑[43]；②通过虚拟情境的设定，可以获取受调者在该特定情境下的真实响应[41]；③通过情境设计可以有效地辅助测度非伦理性行为，并尽可能地达到该变量可接受的内部效度[44]。

基于现有信息安全行为研究领域的相关文献，首先归纳出 9 种研究情境。这些研究情境在已有研究中被用于测度诸如政策违背、信息系统或计算机误用、非工作相关的互联网使用等行为。归纳出的 9 种情境包括：使用外部便携式存储设备传输组织数据（USB①设备使用情境）、同事间通过邮件等通信工具传输非工作相关的信息（如聊天、图片笑话等）、计算机锁定、未经授权访问信息系统、密码分享、出于工作目的使用不安全的公共无线网络、安装和使用未经授权的软件、密码记录，以及读取机密资料。其次，邀请 2 名高校信息安全研究领域的专家学者及 25 名来自互联网金融和 IT 行业的从业者，对上述情境进行排序。根据反馈，按照得票数从高到低进行排序，选择前 4 位高票情境作为研究情境。之所以进行上述筛选过程，首先是基于研究背景的考虑。信息安全行为研究及情境法的应用大多是依照西方国家组织中的实际进行的，本章的探讨需要确保这些情境在中国组织中具有一定程度的普遍性，以尽可能地避免情境设计的失败及其后续的变量测量失效等问题。此外，在邀请参与者排序的过程中，同时要求回忆填写是否存在其他的类似行为，以尽可能地考虑中国组织情境下的特殊性。部分反馈提到了没有安装安全防护软件、非授权打印等问题，然而这些情境并未得到绝大多数参与者的积极反馈；另有部分反馈提及使用 CD 刻录数据、允许他人使用计算机等问题，实质上与 USB 设备使用和密码分享等情境的含义近似。综上，研究选取的 4 种情境如下：USB 设备使用、计算机锁定、密码分享，以及安装和使用未经授权的软件。情境的具体内容如下。

---

① USB（universal serial bus，即通用串行总线）。

1. 情境 1：USB 设备使用

假设 A 女士是您所在公司的客户经理，负责分析整理公司的顾客数据资料。由于企业数据的敏感性，公司严令禁止将企业数据拷贝到未经加密的便携式媒体设备中，如 USB 设备。如果不遵守该条例，员工可能会面临一系列处分，如口头警告甚至辞退。然而，A 女士计划出差一段时间，并且想在旅途中完成一部分数据分析工作。她认为将数据拷贝到 USB 设备并带到旅途中去工作可以为公司节省时间和资金。尽管对公司政策有所顾虑，她仍然将公司数据库拷贝到了她的便携式 USB 设备中。

2. 情境 2：计算机锁定

假设 B 女士最近被您所在的公司录用，她的工作需要经常使用库存采购软件应用程序来完成采购工作。为了保证只有经过授权的人才能进行库存采购，公司政策规定员工在不使用电脑时必须将他们的电脑注销，或使用密码锁定电脑工作站。然而，为了使工作更加便捷，经理告诉她离开时将电脑保持登录状态以方便其他员工自由使用。B 女士认为保持她的用户账户处于已登录状态可以节省公司的时间，并且她也知道保持工作站登录在公司里是一种惯常的做法。尽管最近也有员工因为离开时工作站依然登录而受到训斥，但是 B 女士完成工作离开时仍然没有锁定她的工作站。

3. 情境 3：密码分享

假设 C 先生是您所在公司的新进员工。按照公司政策规定，每台工作站电脑必须设置受保护的复杂密码，且严禁分享。一旦员工违反这项规定，将面临处罚，如口头警告甚至辞退。然而，正当 C 先生出差时，他的同事需要他电脑中的一份文件。C 先生认为告诉同事电脑密码可以为公司节省大量时间。尽管 C 先生知道公司的信息系统安全政策，并且前段时间有同事因为分享密码而受到处罚，但他还是把密码告诉了同事。

4. 情境 4：安装和使用未经授权的软件

假设 D 先生是您所在公司的分析师，其主要的工作内容是使用电脑完成财务数据分析并编制相关报告。最近公司为 D 先生配备了新的电脑设备，但是该设备缺少完成报告必需的软件。D 先生认为购买这种软件需要花费额外的费用和时间，所以他选择下载功能相同的免费破解版软件替代。出于信息安全的考虑，公司信息系统安全政策规定，不允许员工私自安装和使用未经授权的盗版软件。一旦违反该规定，员工将面临处罚，如口头警告甚至辞退。尽管意识到公司的相关政策，

D 先生依然选择安装并使用了未经授权的盗版软件。

5.5.2　变量测量

模型中涉及的变量测度选取在已有研究中被采用的具有良好信效度的测量项进行表征，并在信息安全情境下进行了适当调整。信息系统安全政策违背意愿的测度根据 Guo 和 Yuan[41]设计两个测量项。道德推脱作为二阶因子对八个一阶因子依据选取的四个研究情境进行测度，所有题项改编自 Bandura 等[8]的研究，并在信息安全研究情境下进行了修订，每个一阶因子均有四个测量项进行测度。组织伦理氛围根据 Victor 和 Cullen[25]的研究改编。所有测量项采用利克特五级量表编制法进行刻度，其中（1）代表完全不同意，（5）代表完全同意。

另外，选取四类控制变量。包括人口统计学变量，如年龄、教育程度、性别等；受调者的计算机使用经验和工作年限（经验）；工作相关特质，如行业、信息系统安全政策的颁行年限；对随机抽取的情境进行控制。

5.5.3　试测

考虑到现有量表出自英文语境而参与问卷调查的群体使用中文，研究采用回译法[45]进行测量项编译，以尽可能地在保留测量项原始含义的基础上消除语言差异所带来的理解误差，使其更适合中文情境。先将原始量表翻译成中文版本，然后由另外一人将该中文版本重新译回英文版本。将两个英文版本的量表进行对比，找出其中有矛盾或者理解错误的地方，讨论后对中文版本进行调整，使其能够精准地反映原始英文版本的基本含义。上述过程分两组进行，第一组由两名信息系统专业的博士研究生进行，第二组由两名英语专业的专业人士进行，最后将两组确定的版本进行综合讨论。这么做的目的在于尽可能消除领域专业术语或表达可能对非该领域问卷填写人造成的理解困难。为了进一步验证量表的内容效度，另外邀请 34 名具有 IT 相关工作经验的 MBA（master of business administration，即工商管理硕士）学生对问卷进行试填。通过他们的反馈，再次调整中文表述，最大可能地消除歧义、理解障碍或者错误表述。最终量表内容如表 5.1 所示。

表 5.1　测量量表

变量	测量内容	因子载荷
忽略或扭曲结果	禁止（情境中的行为）将导致诸多工作不便之处	0.865
	禁止（情境中的行为）对员工来说过于严苛	0.882
	禁止（情境中的行为）约束了员工的行动灵活性	0.838
	（情境中的行为）可以接受，因为禁止该行为并不合理	0.810

续表

变量	测量内容	因子载荷
道德辩护	急于完成工作时，（情境中的行为）是合理的	0.882
	当可以更快地完成工作时，（情境中的行为）是合理的	0.906
	当需要外出工作时，（情境中的行为）是合理的	0.824
	当可以更为高效地完成工作时，（情境中的行为）是合理的	0.898
委婉标签	（情境中的行为）偶尔为之也算不上什么坏事	0.797
	我认为即便是做了（情境中的行为），也没太大的问题	0.842
	我认为即使做了（情境中的行为），并不值得大惊小怪	0.872
	（情境中的行为）完全是为了单位利益着想	0.760
有利比较	与窃取数据带来的后果相比，（情境中的行为）没什么大不了的	0.862
	与故意毁坏电脑设备的行为相比，（情境中的行为）不算什么	0.865
	（情境中的行为）是合理的，因为恶意破坏信息系统资源这种行为的性质更加恶劣	0.861
	计算机犯罪可能酿成重大损失，（情境中的行为）不安全概率较小	0.799
转嫁责任	在员工工作环境不利的情况下，（情境中的行为）不应受到指责	0.852
	当上司施加较多的工作压力时，（情境中的行为）并无过错	0.868
	当大多数同事都从事（情境中的行为）的时候，不能把过错归咎于其中的个人	0.858
	当被迫从事（情境中的行为）的时候，不能把过错归咎于当事人	0.772
分散责任	我认为信息安全不是我的工作职责，而应该是整个单位的事情	0.626
	如果其他人先行实施了（情境中的行为），其他人不应该因为仿照做了同样的事情而被责罚	0.855
	即便是没有实施（情境中的行为），这对于单位的信息安全贡献同样微不足道	0.848
	通过惩罚个别员工来承担团队过失的做法有失公允	0.838
责备归因	（情境中的行为）是可以的，因为这么做并没有带来任何实质性的伤害	0.800
	（情境中的行为）是合理的，因为这种行为可以带来高效和便利	0.897
	（情境中的行为）并不会损害单位利益	0.890
	在我看来，（情境中的行为）不良后果被夸大了	0.821
非人性化	如果得不到单位的重视，我不介意违背单位的政策，也会实施（情境中的行为）	0.903
	实施（情境中的行为）无关紧要，因为单位并不太关心完成工作目标所采用的方式方法	0.886
	实施（情境中的行为）是可以的，因为单位更加注重效率	0.840
	实施（情境中的行为）是可行的，因为没人会注意一个普通员工的工作方式	0.836
违规意愿	如果我遇到了（情境中的人物）一样的情况，我也会这样做	0.962
	如果我是（情境中的人物），我也会实施（情境中的行为）	0.960

续表

变量	测量内容	因子载荷
关怀导向型	单位以员工利益至上，经常为员工考虑很多	0.884
组织伦理氛围	单位总是优先考虑员工的共同利益	0.841
	领导经常会照顾员工的个人利益	0.797
	同事总是考虑他人的利益最大化	0.715
	单位要求员工要高效工作	0.674
法律法规导向型	员工被要求以法律和职业操守为行为准则	0.728
组织伦理氛围	单位在制定方针政策时主要考虑的是遵照法律规范和行业规范的基本要求	0.774
	遵守组织的规章制度很重要	0.748
	单位颁行的规章制度要求员工必须严格执行	0.722
工具导向型	多数同事总是首先考虑个人利益	0.707
组织伦理氛围	很多同事都有自己的小算盘	0.779
	只要可以提高绩效，做事可以不用考虑后果	0.666
	多数同事认为个人利益重于其他	0.809
独立导向型	单位要求每位员工都能恪守自身的道德修养	0.813
组织伦理氛围	员工应该具有明辨是非的能力，能够独立的判断孰是孰非	0.854
	多数同事看重个人的是非标准	0.660
	员工的行为很多时候是受道德引导的	0.821

5.5.4　数据收集

通过网络问卷调查收集数据。数据收集过程委托专业的数据调研网站进行，通过问调公司有助于在相对更加广泛的群体中随机选取参与人，并以此获得更加客观和相对诚实的回答。

数据收集过程开始前，我们设置了一些标准来过滤回答和样本数据。首先，通过设置基本的作答时间限制和报酬。最低作答时限的设置以大多数人可以完整浏览并理解作答的平均时间为基数进行设置，如果问卷以非常短的时间进行填写，那么认为该问卷参与人不能有效浏览完成全部题目，其回答可能会导致不真实数据的产生，该问卷将被作废。问卷填写的参与人是自愿且匿名的，对于完成问卷填写的参与人给予一定金额的报酬。其次，对参与人有着基本的职业要求，即实施了信息系统安全政策的行业的正式员工。因此，在问卷目的和参与人条件限制中进行了陈述说明，同时设置了如下筛选条件来判定是否答题者为适合的问卷参与人：①您所在的公司是否实施了信息系统安全政策？②您在工作中是否能够操作或使用信息资产？在上述问题中只要回答一个"否"，那么该答题者将被判定为不合格的问卷参与人，其回答将被自动终止。最后，所有问卷参与人为正式员工，临时工作人员和离退休人员不属于被调查范畴。这么做是为了确保所有的参与人都能够对信息系统安全政策有着较为清晰的认识和了解，以及对信息资产有着一定程度的操作权限。

问卷填写历经 1 个月时间。填写过程中问卷随机在四种情境下抽取一种进行推送，每位参与人只能填写一份问卷。收集过程结束后，对数据进行必要清洗。存在诸如规律性答题（如循环反复出现 2 和 4），前、后矛盾等不可能的填写模式的问卷将被剔除。最终，获得 433 份有效问卷样本。样本的描述性统计情况如表 5.2 所示。

表 5.2　样本构成分布表（$N=433$）

分类指标		样本量/人	比例
性别	男	209	48.3%
	女	224	51.7%
年龄	<21 岁	15	3.5%
	21~30 岁	225	52.0%
	31~40 岁	161	37.2%
	>40 岁	32	7.4%
学历	高中及以下	11	2.5%
	本科及专科	367	84.8%
	硕士、博士研究生	55	12.7%
行业	互联网/通信/计算机	222	51.3%
	银行/金融/保险	211	48.7%
在当前单位年限	<1 年	53	12.2%
	1~5 年	199	46.0%
	>5 年	181	41.8%
ISP 实施年限	1 年以内	39	9.0%
	1~4 年	175	40.4%
	5 年及以上	219	50.6%
单位规模	1~100 人	88	20.3%
	101~500 人	184	42.5%
	>500 人	161	37.2%

续表

分类指标		样本量/人	比例
计算机使用频率	4~8 小时/天	291	67.2%
	>8 小时/天	142	32.8%

5.6　数据处理与结果

5.6.1　共同方法偏差检验

共同方法偏差是由同样的数据来源或者同样的测量环境、项目语境及项目本身特征所造成的预测变量与效标变量之间人为的共变，被认为是系统测量误差的主要来源。一旦存在高显著程度的共同方法偏差，那么变量之间的真实关系将难以呈现，从而导致检验结果的错误。为了降低共同方法偏差的消极作用，通常需要在问卷设计时采用随机排序的方式排列测量项，防止问卷参与人臆测到所测量的变量及关系模式，从而影响填写质量。但是，自变量与因变量均出自于同一份量表，产生共同方法偏差的可能性依然存在。该部分研究采用了三种检验共同方法偏差的方法。

首先，采用 Harman 单因素检验法[46]进行检验。当单个因子未旋转时的累积变异数贡献率低于 50%时认为不存在共同方法偏差。检验发现未旋转时全部因子的累积变异数贡献率共计 37.8%，低于 50%的临界值标准，可以认为共同方法偏差对研究没有显著影响。

其次，参照 Pavlou 等[47]的方法，通过计算如表 4.3 所示的相关系数进行判定。当存在高于 0.9 的相关系数值时将出现共同方法偏差。然而，各变量的相关系数值远低于参考值，可以认为共同方法偏差对研究没有显著影响。

最后，根据 Podsakoff 等[46]提及单一方法因子途径(single-method-factor approach)方法。构建一个新的潜变量方法因子(latent method factor)，并将所有的测量项作为该方法因子的测量项。依据 Liang 等[48]的步骤，借助 PLS 工具进行检验。该方法通过判定方法因子与各一阶因子之间的因子载荷的显著性，以及比较每一个一阶因子对其隶属的二阶因子和方法因子的方差变异，来确定是否存在共同方法偏差。各一阶因子可以使用因子载荷的平方 λ_s^2 来表征测量项可以解释的方差大小，方法因子采用类似的方法 λ_m^2 进行表达。如果方法因子的因子载荷 λ_m 普遍不显著，且 λ_s^2 远高于 λ_m^2，那么可以基本断定不存在共同方法偏差或者共同方法偏差的影响可以忽略不计。检验结果见表 5.3。检验结果表明测量项对于变量的平均实际解释度为 68.4%，而方法变量结构对于变量的平均实际解释度仅为 2.5%，两者的比例为 27.4∶1。另外，绝大多数的方法因子载荷不显著。由此表明共同方法偏差对研究没有显著影响。

表 5.3 共同方法偏差检测结果

变量	测度项	实质性的因子载荷（ λ_s ）	变量解释度（ λ_s^2 ）	方法因子载荷（ λ_m ）	变量解释度（ λ_m^2 ）
违规意愿（INT）	INT1	0.952***	0.906	0.018	0.000
	INT2	0.982***	0.964	−0.018	0.000
关怀导向型组织伦理氛围	CA1	0.836***	0.699	−0.090***	0.008
	CA2	0.815***	0.664	−0.014**	0.000
	CA3	0.809***	0.654	0.018*	0.000
	CA4	0.784***	0.615	0.101	0.010
	CA5	0.697***	0.486	−0.070	0.005
独立导向型组织伦理氛围	IND1	0.779***	0.607	0.024	0.001
	IND2	0.726***	0.527	−0.066	0.004
	IND3	0.715***	0.511	0.030	0.001
	IND4	0.770***	0.593	0.011	0.000
法律法规导向型组织伦理氛围	LR1	0.811***	0.658	0.029	0.001
	LR2	0.810***	0.656	−0.003	0.000
	LR3	0.755***	0.570	−0.029	0.001
	LR4	0.605***	0.366	0.001	0.000
工具导向型组织伦理氛围	INS1	0.852***	0.726	−0.076*	0.006
	INS2	0.843***	0.711	0.000	0.000
	INS3	0.621***	0.386	0.095*	0.009
	INS4	0.826***	0.682	0.001	0.000
责备归因	AB1	0.946***	0.895	−0.136*	0.018
	AB2	0.978***	0.956	−0.087	0.008
	AB3	0.998***	0.996	−0.109*	0.012
	AB4	0.516***	0.266	0.349***	0.122
有利比较	AC1	0.970***	0.941	−0.108	0.012
	AC2	0.923***	0.852	−0.051	0.003
	AC3	0.892***	0.796	−0.016	0.000
	AC4	0.634***	0.402	0.191*	0.036
非人性化	D1	0.846***	0.716	0.032	0.001
	D2	0.830***	0.689	0.067	0.004
	D3	0.880***	0.774	−0.034	0.001
	D4	0.888***	0.789	−0.071	0.005

续表

变量	测度项	实质性的因子载荷（λ_s）	变量解释度（λ_s^2）	方法因子载荷（λ_m）	变量解释度（λ_m^2）
分散责任	DFR1	1.198***	1.435	−0.597***	0.356
	DFR2	0.719***	0.517	0.154*	0.024
	DFR3	0.761***	0.579	0.099	0.010
	DFR4	0.646***	0.417	0.212*	0.045
忽略或扭曲结果	DC1	0.793***	0.629	0.122*	0.015
	DC2	0.933***	0.870	−0.047	0.002
	DC3	1.079***	1.164	−0.245**	0.060
	DC4	0.695***	0.483	0.164	0.027
责任转嫁	DPR1	0.762***	0.581	0.105	0.011
	DPR2	0.807***	0.651	0.081	0.007
	DPR3	0.931***	0.867	−0.161	0.026
	DPR4	0.909***	0.826	−0.040	0.002
委婉标签	EL1	0.766***	0.587	0.049	0.002
	EL2	0.998***	0.996	−0.157*	0.025
	EL3	1.012***	1.024	−0.148**	0.022
	EL4	0.502***	0.252	0.296***	0.088
道德辩护	MJ1	0.835***	0.697	0.068	0.005
	MJ2	0.896***	0.803	0.021	0.000
	MJ3	0.847***	0.717	−0.011	0.000
	MJ4	0.987***	0.974	−0.077	0.006
平均值		0.831	0.708	−0.002	0.020

***代表 $p<0.001$，**代表 $p<0.01$，*代表 $p<0.05$

5.6.2　测量模型检验

采用复合信度和 Cronbach's α 来表征测量信度。根据表 5.4 结果所示，最小的 CR 值为 0.854，最低的 Cronbach's α 值为 0.774，均高于推荐的最低参考值 0.7[49]。由此，表明数据信度良好。

表 5.4　信度和效度检测结果

潜变量	AVE	CR	Cronbach's α	1	2	3	4	5	6
关怀导向型组织伦理氛围	0.616	0.889	0.851	**0.787**					
违规意愿	0.923	0.960	0.917	−0.132	**0.961**				

潜变量	AVE	CR	Cronbach's α	1	2	3	4	5	6
独立导向型组织伦理氛围	0.595	0.854	0.774	0.450	−0.130	**0.771**			
工具导向型组织伦理氛围	0.733	0.892	0.818	−0.076	0.247	0.159	**0.856**		
法律法规导向型组织伦理氛围	0.715	0.909	0.871	−0.592	0.129	−0.645	−0.027	**0.846**	
道德推脱	0.797	0.969	0.964	−0.059	0.683	−0.114	0.293	0.121	**0.893**

注：加粗数字为 AVE 平均值

采用如下标准测量收敛效度[50]：①所有测量项的因子载荷大于 0.7；②每个变量的平均变量萃取值应该大于测量误差方差，即 AVE 大于 0.5。表 5.4 所示的绝大多数测量项的因子载荷均显著且大于 0.7，并据此删除 7 个因子载荷过低的测量项。另外，依据表 5.4 所示结果，所有变量的 AVE 值均高于 0.5 参考值。数据收敛效度在可以接受的范围内。良好的区分效度要求 AVE 的平方根值大于所有的相关系数[50]。正如表 5.4 结果所示，每个变量的 AVE 值的平方根数值均大于任何一个相关系数值，表明区分效度良好。

5.6.3　假设检验结果

R^2 用于表征模型中的外生变量可以解释的内生变量变异程度。模型中各外生变量对行为意愿有 66.1%的解释度，假设检验结果如图 5.2 所示。另外，结果表明工作经验（控制变量）对违规意愿有显著负向影响作用（b=−0.067，$p<0.05$），其他控制变量对行为意愿无显著性影响作用。全部控制变量对违规意愿的总体解释度为 1.4%。

道德推脱的变量作为二阶因子来操作。结果表明 8 个一阶因子与道德推脱之间的系数显著，二阶因子构成良好。根据图 5.2 所示研究结果，道德推脱与员工违背信息系统安全政策的行为意愿呈显著的正向相关关系，$H_{5.1}$ 得到支持。该研究结论与 Siponen 和 Vance[6]对中和技术理论的探讨及 D'Arcy 等[51]对道德推脱的研究结论相同，表明道德推脱策略是预测员工违规意愿的重要指示变量。道德推脱为员工实施违规行为提供了一系列的手段或借口，以协助他们逃脱道德束缚，为自己的非伦理行为开脱。根据社会认知理论，道德推脱可用于解释为什么员工在明知违规、不被组织认可的前提下依然会毫无愧疚和自责并实施违背信息系统安全政策的行为。

为了检验四类组织伦理氛围的调节关系，通过将主变量（道德推脱）和四类组织伦理氛围变量各测量项数据标准化后相乘的方式构建新的调节变量因子及其测度数据。图 5.2 检验结果表明，法律法规导向型组织伦理氛围和工具导向型组织伦理氛围呈现出调节效应，$H_{5.3}$ 和 $H_{5.4}$ 得到支持。

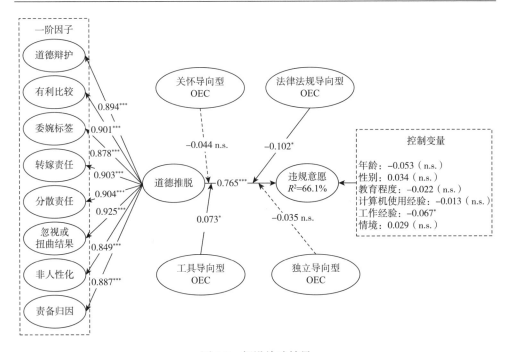

图 5.2　假设检验结果

***表示 $p<0.001$，*表示 $p<0.05$；n.s.和虚线表示该路径系数不显著

　　为了进一步确认调节效应，通过 F 检验①，计算出总交互效应的大小为 0.048（$\in [0.02，0.15]$），可以认为调节效应是一种小到中等程度的调节效用。Fang 等[52]认为效应量（effect size）划分准则是一种适用于描述所有影响作用而不仅用于描述交互作用的通用准则，效应量较低的原因是乘积项（product terms）信度过低而不是理论模型中的关系问题。之前的研究，如 Kim 等[53]与 Angst 和 Agarwal[54] 的研究结果均出现调节效应的 R^2 改变量在 1%左右的情况。相比较而言，本章情境下的调节效用在可以接受的范围内。

　　通过计算均值±标准差对数据进行区分，划分出高、低两种程度的组织伦理氛围区间，并据此绘制调节效应图。图 5.3 表征法律法规导向型组织伦理氛围的调节效应，道德推脱与违规行为意愿之间的路径关系回归线随着法律法规导向型组织伦理氛围的增加而变得相对陡峭（即斜率增大），表明法律法规导向型组织伦理氛围负向调节道德推脱与违规行为意愿之间的关系。图 5.4 表征工具导向型组织伦理氛围的调节效应，道德推脱与违规行为意愿之间的路径关系回归线随着工具导向型组织伦理氛围的增加而变得趋向平缓（即斜率降低），表明工具导向型组织伦理氛围正向调节道德推脱与违规行为意愿之间的关系。综上，研究认为法律

---

① $f^2 = \left(R^2_{带交互效应的模型} - R^2_{主效应模型} \right) \big/ \left(1 - R^2_{带交互效应的模型} \right)$。

法规导向型组织伦理氛围和工具导向型组织伦理氛围呈现出调节效应。

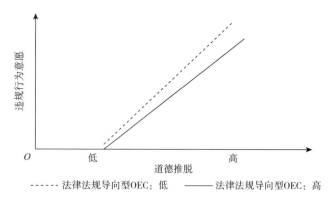

图 5.3　法律法规导向型组织伦理氛围的调节效应

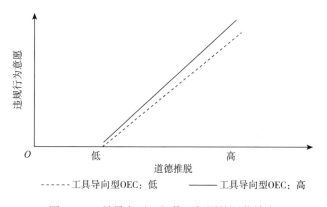

图 5.4　工具导向型组织伦理氛围的调节效应

　　图 5.2 的结果显示，关怀导向型组织伦理氛围和独立导向型组织伦理氛围在道德推脱与违规意愿关系中的调节路径不显著，$H_{5.2}$ 和 $H_{5.5}$ 没有得到支持。调节效应没有得到证实可能是出于以下两个原因。

　　首先，基于理论研究视角，Ambrose 等[55]认为组织伦理氛围影响个人的道德发展。当常规的关怀适配（conventional-caring fit）出现的时候，员工的道德理性呈现出更多对组织的承诺和满意，并表现出更少的离职倾向。独立导向型组织伦理氛围反映了最高形态的认知道德发展，这种道德前期与独立性的适配（postconventional-independence fit）同样能够唤起员工的道德理性来促使员工效力于组织。这些结论表明关怀导向型和独立导向型的组织伦理氛围在个体的道德形成期发挥作用，有助于帮助员工在不知道如何决策时形成道德判断。因此，这两种组织伦理氛围在用于解释道德矫正相关的问题（即如何修正已形成的错误道德认知）时的解释力可能受到限制。

　　其次，从中国情境视角，Deshpande 等[56]的研究发现关怀导向型和独立导向型的组织伦理氛围在中国情境下被较少的报告。这也就意味着这两种类型的组织伦理氛围在中国盛行的高集权和低开放性的组织结构中很少存在。可能正是组织中对于上述两种组织伦理氛围的匮乏导致了调节路径的不显著。

　　根据假设检验结果，工作经验对员工产生违规意愿有着负向显著影响作用。工作年限与违规意愿之间的路径系数显著，表明高资历的员工的违规意愿相对较低。

5.7　研究贡献与管理启示

　　研究的学术意义在于：首先，首次从伦理控制的约束视角整合两个伦理研究框架——道德推脱和组织伦理氛围——构建理论研究模型。从而研究揭示了个人层面的道德要素与组织伦理层面的环境要素对信息安全行为的作用机制。研究结论探讨了个体认知与行为结果的环境要素条件，由此补充了已有研究文献关于组织伦理的认识与观点。即研究提供了实证证据表明组织伦理氛围构建能够有效地约束个体的道德推脱及其随后的消极信息安全行为。

　　其次，研究证实道德推脱在信息系统安全政策违背行为中的正向作用。之前的研究多关注于道德的积极作用。例如，Li 等[13]认为个人规范（即道德标准）能够有效地促进个体遵守互联网安全使用政策。本章则从相反的视角，从自我管理失效的层面揭示道德推脱对于违规行为的诱导作用。此外，与 D'Arcy 等[51]在美国情境下对道德推脱的影响机制的探讨结论相一致，在中国儒家文化情境下同样得到相同的结论。当前对于道德推脱的探讨集成并扩展了现有研究的理论适用性和实证结论的延伸性。

　　再次，研究首次将组织伦理氛围引入信息安全行为研究之中。之前有相当数量的研究引入犯罪学理论探讨信息安全行为管理问题，而较少有从组织文化视角对信息系统安全政策违规行为进行研究。现有的文化视角的研究，如 Chan 等[57]对信息安全氛围的探讨、Hu 等[24]关注于组织文化，D'Arcy 和 Greene[58]探讨安全文化，以及 Yazeanmehr 和 Wang[59]探讨原则伦理氛围，致力于揭示文化要素如何促进员工遵守信息系统安全政策的规定，而鲜有研究尝试探讨如何通过伦理氛围的营造来规避违规行为的发生。研究揭示了组织伦理氛围在因道德失衡导致的信息安全违规行为中的作用机制。研究引入四种类型的组织氛围，并揭示了不同类型组织伦理氛围的多样化调节作用，即法律法规导向型对道德推脱策略所导致的违规行为有约束作用，而工具导向型组织伦理氛围则强化道德推脱策略导致的违规行为。同时，组织伦理氛围的作用揭示为信息安全情境下的员工道德推脱的矫正提供了新的研究视角。

最后，没有发现关怀导向型组织伦理氛围和独立导向型组织伦理氛围的调节作用。考虑到上述两种氛围在中国文化情境及组织结构中的稀缺性[56]，以及西方国家情境下的行为理论在不同文化情境下的验证可能导致结论的差异性[34]，本章为后续的信息安全行为研究在不同文化情境下的验证与扩展提供了直接证据。

研究为组织提供了一些可能的策略性建议供参考。首先，组织将道德培训纳入安全教育培训和意识项目会是一个明智的选择。安全教育培训和意识项目致力于为员工提供关于信息安全环境的常规知识，以及响应安全需求的必备技能[42]，并注重安全意识的培养及对威慑机制的强化[60]。然而，关于信息安全的道德教育或伦理培训却很少涉及。Workman 和 Gathegi[61]建议信息安全培训应该增加与安全决策过程中可能涉及的道德困境相关的内容。结论为该建议提供了必要的理论支持，认为组织应该注重员工信息安全伦理的培养并防范道德推脱。此外，考虑到员工的工作经验与违规行为发生意愿呈现正相关关系，安全教育培训和意识项目应该定期举行并覆盖更为广泛的员工群体，而不仅仅局限于新员工。

研究对于组织伦理氛围的讨论揭示了在组织中营造良好的伦理氛围对于减少不当行为和强化员工的道德原则的关键作用。由此，对于组织而言，通过构建适合的组织伦理氛围来服务于信息安全管理势在必行。法律法规导向型组织伦理氛围对道德失衡导致的信息系统安全政策违规行为有约束抑制作用。因此，有效的安全政策与流程设计是必要的也是必需的。融合了强制性的规范的组织文化更有利于培养员工的道德信念感并弱化道德推脱。另外，工具导向型组织伦理氛围的调节作用提示组织决策者应该重视并引导员工养成积极正确的道德和价值观认知，避免自私自利的氛围发展成为组织风气。

研究也有一些不足之处。首先，本章采用基于情境的问卷设计方法进行数据收集，有关于违规意愿和道德推脱的测度依赖于所选取的研究情境。在情境的设计过程中通过文献支撑与实际调研相结合的方法确保选取的四个研究情境贴合于组织实际。问卷调研的过程中也通过诸如预测试、现实情境代入、匿名性等方式尽可能地为答卷人创造良好的语义环境与作答情境，同时辅助于统计学方法，在符合基本要求的样本量基础上分析归纳出当前样本的共性倾向，该做法的科学性也是毋庸置疑的。尽管如此，有关于问卷调研方法与情境研究方法也存在诸多批评，如可能存在社会称许性，答卷人的主观认知偏好，等等。

其次，样本的选择尽可能的考虑在广泛的人群中进行随机抽取。但是考虑到样本获取的难易程度和复杂性，数据样本的选择没有区分组织类型，如私营企业、国企、合资企业、海外独资企业或机关与事业单位等。有可能不同类型的组织对于信息安全的要求和管理机制存在差异，未来研究可以有针对性地进行对比探讨。

5.8 小　　结

本章研究从伦理控制的约束机制出发，探讨道德推脱与信息安全政策违背行为之间的关系，以及伦理氛围在道德推脱与违规行为之间的调节作用路径关系。研究采用基于情境的调查问卷研究方法，收集有效数据并经由结构方程模型对假设进行检验。研究结论表明，道德推脱是导致员工违背信息安全政策的重要前因。同时，法律法规导向型的组织伦理氛围在道德推脱与违规意愿之间起负向调节作用；与此相反，工具导向型的组织伦理氛围正向调节道德推脱与违规意愿的关系；研究没有发现关怀导向型和独立导向型组织伦理氛围的调节作用。

参 考 文 献

[1] Bandura A. Moral disengagement in the perpetration of inhumanities[J]. Personality and social psychology review，1999，3（3）：193-209.

[2] Victor B，Cullen J. A theory and measure of ethical climate in organizations[J]. Research in Corporate Social Performance and Policy，1987，9（2）：51-71.

[3] Bandura A. Selective activation and disengagement of moral control[J]. Journal of Social Issues，1990，46（1）：27-46.

[4] Fida R，Paciello M，Tramontano C，et al. An integrative approach to understanding counterproductive work behavior：the roles of stressors，negative emotions，and moral disengagement[J]. Journal of Business Ethics，2015，130（1）：131-144.

[5] Ribeaud D，Eisner M. Are moral disengagement，neutralization techniques，and self-serving cognitive distortions the same？Developing a unified scale of moral neutralization of aggression[J]. International Journal of Conflict and Violence，2010，4（2）：298-315.

[6] Siponen M T，Vance A. Neutralization：new insights into the problem of employee systems security policy violations[J]. MIS Quarterly，2010，34（3）：487-502.

[7] Bandura A. Selective moral disengagement in the exercise of moral agency[J]. Journal of Moral Education，2002，31（2）：101-119.

[8] Bandura A，Barbaranelli C，Caprara G V，et al. Mechanisms of moral disengagement in the exercise of moral agency[J]. Journal of Personality and Social Psychology，1996，71（2）：364-374.

[9] Barsky A. Investigating the effects of moral disengagement and participation on unethical work behavior[J]. Journal of Business Ethics，2011，104（1）：59-75.

[10] Puhakainen P. Design theory for information security awareness[D]. PhD. Dissertation，University of Oulu，2006.

[11] Moore C，Detert J R，Klebe T L，et al. Why employees do bad things：moral disengagement and unethical organizational behavior[J]. Personnel Psychology，2012，65（1）：1-48.

[12] Zhang J，Reithel B J，Li H. Impact of perceived technical protection on security behaviors[J]. Information Management & Computer Security，2009，17（4）：330-340.

[13] Li H, Zhang J, Sarathy R. Understanding compliance with internet use policy from the perspective of rational choice theory[J]. Decision Support Systems, 2010, 48 (4): 635-645.

[14] Ifinedo P. Understanding information systems security policy compliance: an integration of the theory of planned behavior and the protection motivation theory[J]. Computers & Security, 2012, 31 (1): 83-95.

[15] Vance A, Siponen M T, Pahnila S. Motivating IS security compliance: insights from habit and protection motivation theory[J]. Information & Management, 2012, 49 (3~4): 190-198.

[16] Johnston A C, Warkentin M. Fear appeals and information security behaviors: an empirical study[J]. MIS Quarterly, 2010, 34 (3): 549-566.

[17] Li H, Sarathy R, Zhang J, et al. Exploring the effects of organizational justice, personal ethics and sanction on internet use policy compliance[J]. Information Systems Journal, 2014, 24 (6): 479-502.

[18] Xue Y, Liang H, Wu L. Punishment, justice, and compliance in mandatory IT settings[J]. Information Systems Research, 2011, 22 (2): 400-414.

[19] Willison R, Warkentin M. Beyond deterrence: an expanded view of employee computer abuse[J]. MIS Quarterly, 2013, 37 (1): 1-20.

[20] Son J Y. Out of fear or desire? Toward a better understanding of employees' motivation to follow IS security policies[J]. Information & Management, 2011, 48 (7): 296-302.

[21] Herath T, Rao H R. Protection motivation and deterrence: a framework for security policy compliance in organisations[J]. European Journal of Information Systems, 2009, 18 (2): 106-125.

[22] Herath T, Rao H R. Encouraging information security behaviors in organizations: role of penalties, pressures and perceived effectiveness[J]. Decision Support Systems, 2009, 47 (2): 154-165.

[23] Parker C P, Baltes B B, Young S A, et al. Relationships between psychological climate perceptions and work outcomes: a meta-analytic review[J]. Journal of Organizational Behavior, 2003, 24(4): 389-416.

[24] Hu Q, Dinev T, Hart P, et al. Managing employee compliance with information security policies: the critical role of top management and organizational culture[J]. Decision Sciences, 2012, 43 (4): 615-660.

[25] Victor B, Cullen J B. The organizational bases of ethical work climates[J]. Administrative Science Quarterly, 1988, 33 (1): 101-125.

[26] Martin K D, Cullen J B. Continuities and extensions of ethical climate theory: a meta-analytic review[J]. Journal of Business Ethics, 2006, 69 (2): 175-194.

[27] Cullen J B, Victor B, Stephens C. An ethical weather report: assessing the organization's ethical climate[J]. Organizational Dynamics, 1989, 18 (2): 50-62.

[28] Bulgurcu B, Cavusoglu H, Benbasat I, et al. Quality and fairness of an information security policy as antecedents of employees' security engagement in the workplace: an empirical investigation[C]. Processing of the 43rd Hawaii International Conference on Systems Sciences, 2010: 4098-4104.

[29] Barnett T, Vaicys C. The moderating effect of individuals' perceptions of ethical work climate on ethical judgments and behavioral intentions[J]. Journal of Business Ethics, 2000, 27(4): 351-362.

[30] VanSandt C V，Shepard J M，Zappe S M. An examination of the relationship between ethical work climate and moral awareness[J]. Journal of Business Ethics，2006，68（4）：409-432.

[31] D'Arcy J，Hovav A，Galletta D. User awareness of security countermeasures and its impact on information systems misuse：a deterrence approach[J]. Information Systems Research，2009，20（1）：79-98.

[32] Li H，Sarathy R，Zhang J. Understanding compliance with internet use policy：an integrative model based on command-and-control and self-regulatory approaches[C]. Proceedings of the International Conference on Information Systems，2010.

[33] Hovav A，D'Arcy J. Applying an extended model of deterrence across cultures：an investigation of information systems misuse in the US and South Korea[J]. Information & Management，2012，49（2）：99-110.

[34] Frederickson J R，Waller W. Carrot or stick？Contract frame and use of decision-influencing information in a principal-agent setting[J]. Journal of Accounting Research，2005，43（5）：709-733.

[35] Chen Y，Ramamurthy K，Wen K W. Organizations' information security policy compliance：stick or carrot approach？[J]. Journal of Management Information Systems，2012，29（3）：157-188.

[36] Banerjee D，Cronan T P，Jones T W. Modeling IT ethics：a study in situational ethics[J]. MIS Quarterly，1998，22（1）：31-60.

[37] Hu Q，Xu Z，Dinev T，et al. Does deterrence work in reducing information security policy abuse by employees？[J]. Communications of the ACM，2011，54（6）：54-60.

[38] Vance A，Siponen M T. Is security policy violations：a rational choice perspective[J]. Journal of Organizational and End User Computing，2012，24（1）：21-41.

[39] Cheng L，Li W，Zhai Q，et al. Understanding personal use of the internet at work：an integrated model of neutralization techniques and general deterrence theory[J]. Computers in Human Behavior，2014，38：220-228.

[40] 马璐，杜明飞. 组织伦理氛围与员工反伦理行为关系的实证研究[J]. 预测，2014，33（2）：38-43.

[41] Guo K H，Yuan Y. The effects of multilevel sanctions on information security violations：a mediating model[J]. Information & Management，2012，49（6）：320-326.

[42] D'Arcy J，Hovav A，Galletta D. User awareness of security countermeasures and its impact on information systems misuse：a deterrence approach[J]. Information Systems Research，2009，20（1）：79-98.

[43] Nagin D S，Pogarsky G. Integrating celerity，impulsivity，and extralegal sanction threats into a model of general deterrence：theory and evidence[J]. Criminology，2001，39（4）：865-891.

[44] Harrington S J. The effect of codes of ethics and personal denial of responsibility on computer abuse judgments and intentions[J]. MIS Quarterly，1996，20（3）：257-278.

[45] Brislin R. Understanding Culture's Influence on Behavior[M]. San Diego：Harcourt Brace Jovanovich Publishers，1993.

[46] Podsakoff P M，MacKenzie S B，Lee J Y，et al. Common method biases in behavioral research：a critical review of the literature and recommended remedies[J]. Journal of Applied Psychology，2003，88（5）：879-903.

[47] Pavlou P A，Liang H，Xue Y. Understanding and mitigating uncertainty in online environments：

a principal-agent perspective[J]. MIS Quarterly，2007，31（1）：105-136.

[48] Liang H，Saraf N，Hu Q，et al. Assimilation of enterprise systems：the effect of institutional pressures and the mediating role of top management[J]. MIS Quarterly，2007，31（1）：59-87.

[49] Gefen D，Straub D W，Boudreau M C. Structural equation modeling and regression：guidelines for research practice[J]. Communications of the Association for Information Systems, 2000, 4(7)：1-78.

[50] Fornell C，Larcker D F. Evaluating structural equation models with unobservable variables and measurement error[J]. Journal of Marketing Research，1981，18（3）：375.

[51] D'Arcy J，Herath T，Shoss M K. Understanding employee responses to stressful information security requirements：a coping perspective[J]. Journal of Management Information Systems，2014，31（2）：285-318.

[52] Fang Y，Qureshi I，Sun H，et al. Trust，satisfaction，and online repurchase intention：the moderating role of perceived effectiveness of e-commerce institutional mechanisms[J]. MIS Quarterly，2014，38（2）：407-427.

[53] Kim S S，Malhotra N K，Narasimhan S. Two competing perspectives on automatic use：a theoretical and empirical comparison[J]. Information Systems Research, 2005, 16(4)：418-432.

[54] Angst C M，Agarwal R. Adoption of electronic health records in the presence of privacy concerns：the elaboration likelihood model and individual persuasion[J]. MIS Quarterly，2009，33（2）：339-370.

[55] Ambrose M L，Arnaud A，Schminke M. Individual moral development and ethical climate：the influence of person–organization fit on job attitudes[J]. Journal of Business Ethics,2008,77(3)：323-333.

[56] Deshpande S P，Joseph J，Shu X. Ethical climate and managerial success in China[J]. Journal of Business Ethics，2011，99（4）：527-534.

[57] Chan M，Woon I，Kankanhalli A. Perceptions of information security in the workplace：linking information security climate to compliant behavior[J]. Journal of Information Privacy & Security，2005，1（3）：18-41.

[58] D'Arcy J，Greene G. Security culture and the employment relationship as drivers of employees' security compliance[J]. Information Management & Computer Security, 2014,22(5)：474-489.

[59] Yazdanmehr A，Wang J. Employees' information security policy compliance：a norm activation perspective[J]. Decision Support Systems，2016，92（12）：36-46.

[60] Straub D W，Welke R J. Coping with systems risk：security planning models for management decision making[J]. MIS Quarterly，1998，22（4）：441-469.

[61] Workman M，Gathegi J. Punishment and ethics deterrents：a study of insider security contravention[J]. Journal of the American Society for Information Science and Technology，2007，58（2）：212-222.

第6章 社会纽带、社会压力与威慑对员工违背信息系统安全政策的影响研究

6.1 问 题 描 述

针对员工遵守信息系统安全政策的行为意愿，本章采取了一个新的视角，即基于社会控制机制，探讨了作为正式控制手段的威慑因素，以及作为非正式控制手段的社会纽带和社会压力因素对员工信息系统安全违规意愿的影响。除了引入新的研究视角，本章还尝试引用社会纽带理论并进行实证研究，这是已有研究没有详细讨论过的。本章的研究不仅对了解和分析员工信息安全违规意愿受哪几方面因素的影响制约建立了新的认识，还对该领域理论研究发展贡献了新的研究思路。

6.2 社会控制机制

社会控制是社会学中非常重要的概念，反映了社会或社会组织利用各种手段来影响社会成员以便其遵守社会规范、维护社会秩序的全部过程。一般意义上的社会控制不仅包括对社会成员的约束、批评、监督、和制裁等手段，还包括帮助、支持、指导、教育等积极的影响过程。社会控制理论认为，有两种基本形式的社会控制[1]，使得个人或团体的行为遵从已有的社会或团体规范。正式控制，亦称制度化控制，是指以明文规定的行为向社会成员说明"什么可为"及"什么不可为"的控制类型，如政权、法律、纪律、规章及各种具体的社会制度等。正式控制通常具有直接性、权威性和强制性的特点。非正式控制又称非制度化控制，是指以风俗、习惯的形式控制社会成员的控制类型。非正式控制也是一种不可忽视的控制手段，如果运用恰当，可弥补正式控制的不足。这种分类方法，与组织中通常采用的管理手段相契合。

在信息安全管理方面，组织中的正式控制可以体现为政策、制度上的规范，组织对员工行为的指导、约束或制裁，不仅包括明确的信息安全标准的说明、员工具体的作业要求，还有对违规情况的处罚措施的说明；组织的非正式控制体现为来自于组织中群体的影响，如群体的价值观、普遍行为、员工间的互相影响、互相监督和互相批评，这些对员工是否能遵守规范也起到很重要的作用。因此，从组织的两种控制手段的视角，本章提出概念模型，如图 6.1 所示，即组织的正式控制和非正式控制将影响员工的信息安全违规意愿。其中，正式控制机制以组织威慑为主要内容，非正式控制机制则包括社会纽带和社会压力。下面将详细地对该模型进行解释。

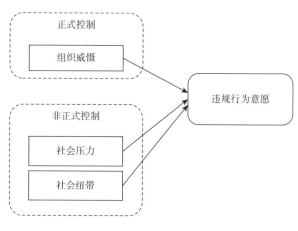

图 6.1　概念模型

6.2.1　威慑理论

威慑理论认为一个人在决定是否犯罪时会衡量得失，如果他感觉到被抓到的风险很高（惩罚的确定性），以及一旦被抓住后将受到酷刑或惩处（惩罚严重性），那么他将不会去犯罪[2]。在信息安全领域，信息系统误用或滥用是一种典型的、白领层面的，或者异常的冒犯组织规则和制度的行为[3]。前人应用威慑理论对信息系统误用、滥用问题进行了研究。Straub 和 Nanee[4]提出对于违规者的监视和惩罚能够减少计算机滥用现象。Straub 和 Straub[3]研究发现，一些威慑方法能够有效降低对信息系统的滥用，主要有以下方式：要求每周有一定的时间进行信息系统安全维护，用多种方法传播关于惩罚和合理使用系统的信息，以及明确关于违规惩罚的说明。这些手段会提高违规员工被发现的风险（惩罚的确定性），以及一旦被发现将会被严惩重罚的感知（惩罚严重性）。Straub 和 Welke[5]在其研究中强调在对员工的教育和培训过程中，强调惩罚的确定性和严重性是非常重要的，这能够减少信息安全违规情况的发生。

6.2.2　社会纽带理论

社会纽带即一个社会群体具有的根据一定原则和价值约束自己，并赋予这些规则效力的能力[6]。社会纽带理论以人性本恶为假设前提，认为人天生倾向犯罪，人为什么犯罪是不需要解释的。相反，人为什么不去犯罪却是需要探讨的问题，所以社会纽带理论就是解释人为什么不犯罪的一种理论。社会纽带理论重点关注的是什么因素能够阻止犯罪，而不是为什么犯罪（即犯罪动机）。该理论认为实际上违法者与守法者有着相同的犯罪冲动，不同的是，对于冲动他们有着不同程度的约束力量。这种约束力量就是社会纽带。一个人的社会纽带越强，则越可能遵守社会规范，反之，若一个人的社会纽带越弱，则犯罪的可能性就越大。该理论从互惠、联系个体与社会及个体与更广泛社会组织（如工作、家庭、学校）之间的纽带结构角度，强调了非正式社会控制的功能[7]。

社会纽带理论定义了四种社会纽带来反映一个人的社会化和从众性。

1. 依恋

依恋指一个人与他人的情感联结。一个人的社会规范接受程度和社会意识发展程度取决于个人和他人联系的紧密程度。假如一个人不在乎他人的看法、期待，对他人意见不具感应性，而没有内化外在的道德规范，即有犯罪的可能。重要的他人包括家人、学校和同龄群体等。

2. 承诺

承诺是指一个人对传统生活目标的追求。一个人投入了大量时间、精力和辛劳，获得了教育、社会地位、财富或者尊敬，他将更不可能去从事犯罪活动，因为这将毁掉他所取得的成就。换言之，如果一个人越渴望成功，他就越不会冒着损害自己前途的危险去从事违法犯罪活动。

3. 参与

参与是指通过参加常规活动，如学校、家庭、工作或娱乐，使得自身没有时间去从事犯罪活动。如果一个人能较深入地参与传统活动，就会减少从事越轨行为的时间和精力，就会将个人从事犯罪行为的潜在诱惑隔离开来，使个人没有时间和精力感知诱惑，考虑和从事犯罪活动。

4. 信念

信念是指对传统价值观念和道德法规观念的态度或接受意愿。这种态度或者意愿依靠个人不断努力地学习，随着个人的社会化而形成。当一个人在社会化过程中内化了健康的价值观和概念，就会强化自我的控制力，原始的犯罪本能就可获得控制或有效缓解，相反，如果一个人内化了不健康的价值观，就会更容易从事犯罪活动。

社会纽带理论在组织行为的研究中得到了应用。Hollinger 和 Clark[8]发现如果职员和企业组织间纽带联系薄弱时，将非常可能从事犯罪行为。Lasley[9]发现社会纽带理论的四个维度变量均能显著影响员工违规的概率，尤其是那些对领导、同事及组织有强烈情感联系的员工，其参与白领犯罪行为的可能性最低。Lee 发现了社会纽带在阻止潜在犯罪行为的重要作用[10]。然而，尚未有证据表明社会纽带对于员工违反信息系统安全政策的行为是否有显著的抑制作用。

6.2.3　社会压力

社会影响是通过社会网络来影响社会成员的行为，通过消息、讯号来帮助社会成员形成对价值观的感知[11]。最近在 IT 领域的文献发现了社会影响所发挥的巨大作用。Venkatesh 等[12]认为社会影响在技术接受决策中的作用是复杂的，受影响的范围广泛。一个人既会受到其他人期望的影响，又会受到其他人行为的影响。Sheeran 和 Orbell[13]指出，在关于社会影响的文献中，长期存在着一种区分，分为行为规范（descriptive norm）和主观规范（subjective norm），因为这两个有着不同的动机来源。行为规范来自于他人的实际行为。主观规范来自于他人的信念。对于行为规范，周围人的行为作为一个信息源，在一个人决定该怎么做的时候，会将他人的行为作为参考。而主观规范是他人的意见对个人的行为决策很重要。行为规范与主观规范是不一样的变量，本章将两种规范作区分，分别命名为主观规范和同事行为。

6.3　研　究　模　型

在概念模型的基础上，扩展威慑理论、社会压力和社会纽带理论，构建如图 6.2 所示的研究模型。

6.3.1　感知威慑变量

1. 惩罚确定性

为确保员工遵守组织规定中描述的信息安全行为，从而调查员工是否遵从规定是必要的[14]。因为仅仅在规章中做出规定，而不加以实行，并不能阻止员工的违规行为[15]。组织可以部署流程和技术来观察员工行为，包括工作场所随机抽样，

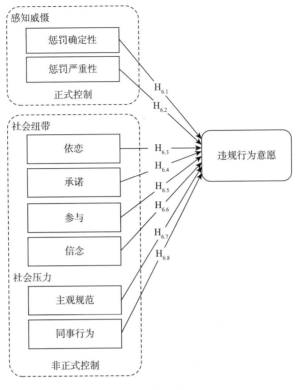

图 6.2　研究模型

检查计算机的历史记录、网络日志等。Straub 和 Welke[5]认为，强调惩罚的确定性和严重性是非常重要的，这能够减少信息安全违规。Herath 和 Rao[16]通过实证研究证明，惩罚确定性可以使员工更加遵从信息系统安全政策。基于已有研究，如果员工感知到组织在监测和监视他的行为，感知到一旦违规被惩罚的概率很高，那么他违规的意愿就会降低。因此，提出以下假设。

H$_{6.1}$：惩罚确定性与员工信息安全违规意愿负相关。

2. 惩罚严重性

在组织中，惩罚体现在包括受到领导的斥责，罚款，降职，甚至解雇等。这些惩罚的形式均可以提高员工对惩罚严厉程度的感知,进而减少不当行为的发生。在信息系统的相关研究中，特别是在软件盗版方面，Peace 等[15]发现惩罚的严厉程度影响组织中员工对盗版软件的态度。同样，施加惩罚可以阻止员工不遵从信息系统安全政策的行为。例如，如果员工的行为使组织产生安全漏洞，该组织可以调查发现引起安全漏洞的原因，并且对该员工施加惩罚。如果员工感知到违反规定会被施以严厉的惩罚，那么他对实施违规行为的意愿就会降低。因此，提出以下假设。

$H_{6.2}$：惩罚严重性与员工信息安全违规意愿负相关。

6.3.2 社会纽带变量

1. 依恋

假如一个人不在乎他人的看法、期待，对他人意见不具感应性，没有内化、外在的道德规范，即有犯罪的可能。重要的他人包括家人、学校和同龄群体。类比到组织环境中，可能与员工情感联结紧密的有直属上司、同事。通常来讲，员工与直属上司的情感联结越紧密，则越希望得到上司的认可、赏识和支持，不愿让上司失望，那么，他就不会轻易做与上司期望相悖的事情，尤其是违反规定。相似地，一个人与同事关系亲密，则会在乎同事对他的看法和期望，这也会约束他的一言一行。同时认为，员工对于工作和组织的情感也是重要的纽带。一个人珍惜、热爱这份工作，对组织的归属感强，会使他对工作更加认真负责、不会轻易做与组织原则相违背的事情。于是，提出以下假设。

$H_{6.3a}$：对上司的依恋与员工信息安全违规意愿负相关；

$H_{6.3b}$：对同事的依恋与员工信息安全违规意愿负相关；

$H_{6.3c}$：对工作的依恋与员工信息安全违规意愿负相关；

$H_{6.3d}$：对组织的依恋与员工信息安全违规意愿负相关。

2. 承诺

承诺反映了个人对传统生活目标的追求。一个人投入了大量时间、精力和辛劳，获得了教育、社会地位、财富或者尊敬，他将更不可能去从事犯罪活动，因为这将毁掉他们所取得的成就。当员工为组织和工作投入了较多的时间和精力，取得了一定的成就和地位，渴望成功，他就不会冒着损害自己前途的危险从事违规行为。于是，提出以下假设。

$H_{6.4}$：承诺与员工信息安全违规意愿负相关。

3. 参与

如果一个人能较深入地参与传统活动，就会减少从事越轨行为的时间和精力，就会将个人从事犯罪行为的潜在诱惑隔离开来，使个人没有时间和精力感知诱惑，考虑和从事犯罪活动。在组织中亦是如此，对于比较严重的违规行为，甚至是计算机犯罪，当员工有较多的工作任务，参与较多的组织活动时，会有较少的时间和精力去考虑实施犯罪。于是，提出以下假设。

$H_{6.5}$：参与与员工信息安全违规意愿负相关。

4. 信念

当一个人在社会化过程中内化了健康的价值观和概念，就会强化自我的控制力，原始的犯罪本能就可获得控制或有效缓解。在组织中，员工对规则、规定有着自己的看法。有些人认为规则是应该严格遵守的，而有人则会认为规则就是用来打破的。这种对规则的观念上的看法会影响一个人对规则的对待方式，这种信念则会是影响员工是否会产生违规意愿的因素。于是，提出以下假设。

$H_{6.6}$：信念与员工信息安全违规意愿负相关。

6.3.3　社会压力变量

1. 主观规范

主观规范反映了个人的行为受到相关他人对个人的期望的影响。信息系统情境下的研究发现员工能够感知到的上级领导、管理者和同事的期望，并对其信息技术采纳行为产生积极影响[12]。本节认为，如果员工感知到上级领导、公司、同事期望他遵守信息系统安全政策，就在员工的主观上形成了一种规范，这种主观规范的压力，会削弱员工违规的意愿，他就很有可能不会去违规。因此，提出以下假设。

$H_{6.7}$：主观规范与员工信息安全违规意愿负相关。

2. 同事行为

除了主观规范，同伴的行为会对一个人做某件事时形成压力。人有从众心理，人们时常去做或相信别人也在做或相信的事。如果员工认为组织中大部分员工都遵守信息系统安全政策，会对他形成一种暗示，使他也会保持和多数人的行为一致；相反，如果他的大部分同事在违反组织的信息系统安全政策，那么他违规的可能性也会增加。因此，提出以下假设。

$H_{6.8}$：同事行为与员工信息安全违规意愿正相关。

6.4　研　究　设　计

6.4.1　情境设计

信息安全违规意愿对于答题人来说，是较为敏感的话题，通常人们不愿意报告自己有违规的意愿，尤其在组织环境中进行的调查。为了使答题人无干扰、无压力地回答敏感话题，避免其不真实的回答，本问卷对违规意愿、感知惩罚确定性和感知惩罚严重性的测量采取了情境式提问法。情境的设计，一方面，参考了已有的文献[17]，另一方面，与信息安全研究领域的专家和公司中从事相关工作的人员进行多次探讨，最终总结了四种有代表性、经常发生的信息安全违规事件，设计了四个违规情境，分别是：①私自拷贝公司敏感数据；②离开工位时不锁定电脑；③借给他人密码；④翻看机密文件。在描述这些情境的时候，尽量使用中立的语言，不含道德上的是非评判，并且符合常理，确实是实际会发生的情况。

1. 情境 1：私自拷贝公司敏感数据

王伟是一家中等规模公司的中层管理人员，在公司工作好几年了。他正在写一份销售报告，需要分析公司的客户数据。数据包含客户的姓名、电话、信用卡号和购买历史。由于这些是公司的敏感数据，公司明确规定，禁止复制这些数据到未加密的移动介质中，如 U 盘。但是，王伟要出差几天，打算在路上分析这些数据。他觉得将这些数据拷贝到自己的 U 盘带走，是希望能帮公司节省时间和花销。王伟知道这家公司在行业衰退的情况下仍保持销售业绩和营业收入的增长（客户数据对公司来说非常敏感，不能流失）。他还知道最近刚有一个员工因为拷贝公司敏感数据到自己的 U 盘而受到领导训斥。王伟还是把数据拷贝到 U 盘从公司带走了。

2. 情境 2：离开工位时不锁定电脑

孙佳刚受雇于一家中等规模的公司，担任中层管理人员。她所在的部门使用存货采购软件。为了确保只有被授权的员工才能进行采购操作，公司有明确规定，员工不使用软件时应退出系统或锁定电脑。但是，为了使工作更方便，孙佳的上司让她保持登录状态，让其他的员工也能自由地使用她的电脑。孙佳觉得这样能为公司提高效率。她知道做这个工作经常要离开工位，没锁定电脑是常见的事情，但也知道最近刚有一个员工因为离开工位时没锁定电脑而受到领导训斥。孙佳在离开后没有将电脑锁定。

3. 情境 3：借给他人密码

韩建刚受雇于一家小公司，是基层管理者。公司有明确规定，每个人的电脑必须要设置密码，并且密码不能给别人使用。但是，韩建正在出差，他的一个同事需要他电脑里的一份文件。韩建觉得借他密码是为了节省公司的时间。他知道公司员工都要接受信息安全培训，公司也很重视信息安全管理。韩建还是把他的密码借给了同事。

4. 情境 4：翻看机密文件

王东是一家中等规模公司的普通职员。他下班后在公司公用的打印机处发现了几页文件，上面印着"机密"，显然是其他员工打印的。屋里没有其他人。公司信息安全规定中明确禁止阅读机密信息，但是王东很好奇，想看看是谁的文件，于是就快速的翻阅了这份机密文件。

6.4.2　变量测量

各个变量的测量指标，一部分是根据现有的文献的基础，以保证测量量表具有良好的信度和效度，以及认可度。另一部分是根据本章的需要进行适当的修改或自行开发而成，除了多次与调查对象进行讨论之外，还邀请了专家对内容效度进行讨论。社会压力因素，即同事行为和主观规范的量表源自 Herath 和 Rao[16]；社会纽带因素，即信念、依恋、参与和承诺的量表源自 Lee 等[18]和 Chapple 等[19]；威慑要素，即惩罚确定性和严重性的量表出自 D'Arcy 等[20]、Li 等[21]与 Siponen 和 Vance[17]；违规行为意愿的测量量表出自 Siponen 和 Vance[17]。量表的具体内容参见表 6.1。变量的测度在操作的时候采用利克特 7 级量表进行刻度，从 1 到 7 分别代表"完全不同意"到"完全同意"（非正式控制变量因素）或者"完全没可能"到"完全可能"（正式控制变量因素和行为意愿）。

表 6.1　测量量表

变量	测量项内容
同事行为	我认为其他员工发生过情境中描述的行为
	我确信其他员工发生过情境中描述的行为
	很有可能大部分员工都发生过情境中描述的行为
主观规范	直属领导认为我不应该违反公司信息系统安全政策
	我的同事认为我不应该违反公司信息系统安全政策
	我的公司认为我不应该违反公司信息系统安全政策
	我的家人认为我不应该违反公司信息系统安全政策
信念	我认为很多人认可的不当行为其实并不会伤害到其他人+
	我认为规则是用来打破的+
	我认为，如果能逃避规定的追究，我就不予理会+
依恋（上司）	我尊重直属领导的观点和看法
	我和我的直属领导谈得来
	我和直属领导能够很好地沟通
依恋（同事）	我尊重同事的观点和看法
	我和同事领导谈得来
	我和同事能够很好地沟通

变量	测量项内容
依恋（工作）	我珍惜现在的工作
	我不会轻易放弃现在的工作
	我的生命中最主要的满足感源自我的工作
依恋（组织）	我喜欢我的公司
	我对公司忠诚
	我认为公司面临的难题就是我的难题
参与	我非常投入我的工作
	我在工作小组中担当重要角色
	我在大部分的工作时间内做与工作相关的事情
承诺	在公司中获得成功对我而言很重要
	我渴望在公司中获得成功
	我为成功投入了大量的时间
情境题项	
违规行为	如果我是（情境中的人物），有多大可能性会从事（情境中的行为）？
	如果我面临同样的情形，我也会从事（情境中的行为）的可能性有多大？
惩罚确定性	如果我从事了（情境中的行为），那么我会受到处罚
	如果我从事了（情境中的行为），我受到惩罚的可能性（高/低）
	如果我从事了（情境中的行为），我被领导斥责的可能性（高/低）
惩罚严重性	如果我从事了（情境中的行为），那么我会被严厉地处罚
	我因为从事了（情境中的行为）而受到惩罚是件大事/小事
	我认为从事（情境中的行为）而受到惩罚会对我的职业生涯有负面影响
	我认为从事（情境中的行为）而受到领导的斥责会影响我未来的职业发展

注：+标识的题项为反向问题

6.4.3　试测

问卷在正式发放之前进行了预调研的检验，目的是改进问卷的提问方式并消除歧义，进一步调整指标和测度项，使答题人准确无误地理解和回答问题，并提供真实的答案。因此，在问卷设计完成后，选择了 40 人进行预调研，回收有效问卷 35 份。根据预调研的数据分析，本章重新修改了某些测度项的措辞，同时将指标较低的测度项去掉，提高了问卷整体的信度和效度。删除和修改了一些问项之后，形成了正式问卷。

6.4.4　数据收集

问卷的调查对象是组织中与信息系统相关的员工，因此在挑选调查群体时，考虑了三个基本要求：一是日常工作较多的依赖电脑，二是所在组织对信息安全问题较敏感，三是组织有关于信息安全的规定，对员工有着较严格的要求。问卷的发放有两种形式，一种是纸质版的问卷，另一种是在线问卷。纸质版问卷在大连市的高校、企业发放，发放 92 份，回收 87 份，剔除回答不完整的问卷 4 份，答题前后矛盾的或者有错误的问卷 3 份，保留有效问卷 80 份；在线问卷不限地域，共收到 108 份完整问卷，剔除答题前后矛盾的或有错误的问卷 3 份，保留有效问卷 105 份。总计发放 200 份，回收有效问卷 185 份，有效问卷的回收率为 92.5%。样本的基本资料统计情况如表 6.2 所示。

表 6.2　样本描述性统计

类别		频数	比例
性别	男	103	55.7%
	女	82	44.3%
年龄	18~24 岁	34	18.4%
	25~34 岁	128	69.2%
	≥35 岁	23	12.4%
工作年限	≤1 年	34	18.4%
	1~2 年	63	34.1%
	3~4 年	47	25.4%
	≥5 年	41	22.2%
教育层次	高中及以下	13	7.0%
	本、专科	77	41.6%
	硕士、博士研究生	95	51.4%
部门	研发	56	30.3%
	销售	23	12.4%
	人力资源	15	8.1%
	财务	28	15.1%
	其他	39	21.1%
职位	基层员工	161	87.0%
	中层管理者	22	11.9%
	高层管理者	2	1.1%

续表

类别		频数	比例
计算机使用/（小时/天）	≤4 小时	23	12.4%
	5~9 小时	133	71.9%
	≥10 小时	29	15.7%
企业规模/（员工人数/人）	1~100	78	42.2%
	101~500	44	23.8%
	501~1 000	11	5.9%
	≥1 001	52	28.1%
信息系统安全政策执行年限	≤1 年	33	17.8%
	2~5 年	45	24.3%
	≥5 年	75	40.5%
行业	电信/计算机/互联网	47	25.4%
	教育科研	45	24.3%
	银行/保险/证券	12	6.5%
	机械/设备/重工	29	15.7%
	贸易/进出口	5	2.7%
	其他	47	25.4%

6.5　数据处理与结果

6.5.1　共同方法偏差检验

采用两种方法检测共同方法偏差。首先是 Harman 单因素分析法[22]，结果发现未旋转时全部因子的累积变异数贡献率共计 32.5%，低于 50%的临界值标准，可以认为共同方法偏差对研究没有显著影响。其次，依据 Liang 等[23]的步骤，借助 PLS 工具进行检验。该方法通过判定方法因子与各一阶因子之间的因子载荷的显著性，以及比较每一个一阶因子对其隶属的二阶因子和方法因子的方差变异，来确定是否存在共同方法偏差。检验结果表明测量项对于变量的平均实际解释度为 79.7%，而方法变量结构对于变量的平均实际解释度仅为 0.4%，两者的比例为 199∶1。另外，绝大多数的方法因子载荷不显著。由此表明共同方法偏差对研究没有显著影响。

6.5.2 测量模型分析

信度检验采用 CR 和 Cronbach's α 值进行评估,从表 6.3 检测结果可知,所有变量的 CR 和 Cronbach's α 值均大于临界值 0.7[24],由此数据信度良好。聚合效度检验通过因子载荷和 AVE 值进行判定[25]。表 6.3 结果显示,所有变量的因子载荷均大于 0.7,且 AVE 值均大于 0.5,表明因子聚合效度较好。

表 6.3 信度、AVE 和因子载荷检测结果

变量		因子载荷	CR	Cronbach's α	AVE
惩罚确定性	Cert1	0.938	0.94	0.91	0.85
（Cer）	Cert2	0.889			
	Cert3	0.932			
惩罚严重性	Sev1	0.889	0.94	0.92	0.76
（Sev）	Sev2	0.883			
	Sev3	0.882			
	Sev4	0.849			
	Sev5	0.853			
对上司的依恋	A_Boss1	0.932	0.91	0.88	0.78
（A_Boss）	A_Boss2	0.824			
	A_Boss3	0.892			
对同事的依恋	A_Co1	0.867	0.94	0.90	0.83
（A_Co）	A_Co2	0.934			
	A_Co3	0.936			
对工作的依恋	A_Job1	0.953	0.94	0.90	0.83
（A_Job）	A_Job2	0.915			
	A_Job3	0.872			
对组织的依恋	A_Org1	0.900	0.92	0.88	0.80
（A_Org）	A_Org2	0.896			
	A_Org3	0.892			
承诺	Cmt1	0.909	0.92	0.87	0.79
（Cmt）	Cmt2	0.901			
	Cmt3	0.855			
信念	Bif1	0.804	0.88	0.80	0.72
（Bif）	Bif2	0.855			
	Bif3	0.879			

变量		因子载荷	CR	Cronbach's α	AVE
参与	Inl1	0.935	0.91	0.88	0.78
（Inl）	Inl2	0.846			
	Inl3	0.870			
主观规范	Sn1	0.892	0.93	0.90	0.76
（Sn）	Sn2	0.846			
	Sn3	0.890			
	Sn4	0.854			
同事行为	Cob1	0.922	0.94	0.90	0.84
（Cob）	Cob2	0.916			
	Cob3	0.909			
违规意愿	INT1	0.970	0.97	0.93	0.94
（INT）	INT2	0.965			

　　区别效度检验通过对 AVE 值的平方根与变量间相关系数的比较进行判定。表 6.4 表明，所有变量的 AVE 平方根值大于其与其他所有变量的相关系数值，表明变量的区别效度良好。

表 6.4　区别效度表

变量	1	2	3	4	5	6	7	8	9	10	11	12
Sev	**0.87**											
Cer	0.69	**0.92**										
A_Boss	0.12	0.13	**0.88**									
A_Co	0.13	0.22	0.60	**0.91**								
A_Job	0.25	0.27	0.18	0.30	**0.91**							
A_Org	0.34	0.32	0.18	0.32	0.76	**0.90**						
Cmt	0.17	0.19	0.14	0.28	0.62	0.65	**0.89**					
Inl	0.09	0.11	0.30	0.30	0.29	0.30	0.51	**0.88**				
Bif	0.31	0.33	0.22	0.30	0.47	0.48	0.42	0.29	**0.85**			
Cob	−0.02	−0.02	−0.06	−0.07	−0.20	−0.27	−0.19	−0.17	−0.28	**0.92**		
Sn	0.34	0.36	0.25	0.30	0.59	0.53	0.55	0.42	0.58	0.19	**0.87**	
INT	−0.53	−0.42	−0.15	−0.24	−0.69	−0.73	−0.64	−0.41	−0.59	0.33	−0.65	**0.97**

注：黑体为 AVE 平方根值

6.5.3　假设检验结果

结构方程的假设检验结果如图 6.3 所示。结果表明所有变量对于结果变量即违规意愿的解释度为 75.2%。惩罚严重性、对工作的依恋、对组织的依恋、承诺、信念、主观规范和同事行为对违规意愿的路径系数显著，由此 $H_{6.2}$、$H_{6.3b}$、$H_{6.3c}$、$H_{6.4}$、$H_{6.6}$、$H_{6.7}$ 和 $H_{6.8}$ 得到支持。而惩罚的确定性、对上司的依恋、对同事的依恋和参与与违规意愿之间的路径系数不显著，表明 $H_{6.1}$、$H_{6.3a}$、$H_{6.3b}$ 和 $H_{6.5}$ 没有得到支持。

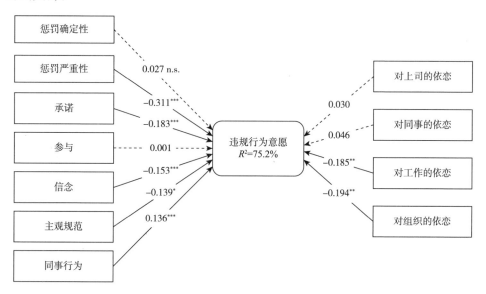

图 6.3　假设检验结果

***表示 $p<0.001$，**表示 $p<0.01$，*表示 $p<0.05$
虚线表示该路径系数不显著

6.6　研究贡献与管理启示

6.6.1　主要结论

1. 威慑因素的作用

前人的研究结果大都显示，信息系统安全政策中清晰地定义了不恰当的和违规的行为，以此来增加惩罚的预期威胁，从而达到阻止信息误用、滥用行为的目的[3]。其中，惩罚的确定性和惩罚的严重性对员工信息安全行为是否具有同样强度甚至显著的作用，前人的研究没有达成一致性结论。

本章中研究结果显示，惩罚严重性对员工信息安全违规意愿有显著的负相关关系，即 $H_{6.2}$ 得到支持，这点与多数前人的结论相同。但是，惩罚确定性对违规意愿的影响却不显著，即 $H_{6.1}$ 没有被支持，这与前人得出的结论有所不同。对于惩罚确定性不显著的原因，本章认为有两个解释，一是信息系统安全政策更多的是传递对违规行为的惩罚措施和手段，而对违规行为惩罚的确定性，需要由实施和执行力度来体现；二是本章设定的场景中发生的事件，如借给他人密码，离开工位时不锁定电脑，员工不容易确定这类事件是否能被组织监测到，所以员工感知到的惩罚确定性或许与被监测到的可能性有关，这有待于进一步研究探索。

2. 社会纽带因素的作用

社会纽带中的承诺和信念对员工信息安全违规意愿的假设关系都得到了完整的验证。这说明员工在组织为取得成功而投入了较多的精力和时间时（承诺），当对政策、规则尊重时（信念），即产生了社会纽带，这种纽带感越强，则违反组织规定的意愿就会越低。$H_{6.4}$ 和 $H_{6.6}$ 得到支持。

社会纽带中的依恋在本章中被分为四个维度进行考察，分别是对直属上司、对同事、对工作和对组织的依恋。其中，对工作、组织的依恋与信息安全违规行为的假设关系，即 $H_{6.3c}$、$H_{6.3d}$ 得到了支持，而对直属上司、对同事的依恋与违规意愿的假设关系，即 $H_{6.3a}$、$H_{6.3d}$ 没有得到支持。究其原因，本章认为，社会纽带理论是从犯罪学引入进来的，最初该理论是研究青少年犯罪，依恋的内涵是青少年对家人、同伴、学校的依恋，在组织信息安全情境下，被类比成对上司、同事、工作及组织的依恋。一个人与家人、朋友的纽带联系与对上司、同事的纽带联系，其强烈程度还是不一样的，那么产生的约束感就会不同。研究结果表明，直属上司和同事对员工的纽带关系不能显著影响员工的信息安全违规意愿。

此外，社会纽带中的参与与违规意愿之间的关系没有得到支持，$H_{6.5}$ 没有得到支持。可能存在两方面的原因。首先，本章设置的情境可能并不需要太多的投入。其次，当员工参与组织活动时，可能并不会完全投入其中。

3. 社会压力因素的作用

社会压力的两个因素，主观规范和同事行为与员工的信息安全违规行为的假设关系均被研究结果支持，即证明了上司、同事、组织、家人等如果对员工违反规定都持否定态度（主观规范），那么他就不太会去违规；如果周围的同事大多在遵守规范，或者大多在违反规范，那么他也会效仿同样的行为（同事行为）。由此，$H_{6.7}$ 和 $H_{6.8}$ 成立。

6.6.2　研究贡献与管理启示

本章的理论贡献在于：首先，本章采取了一个新的视角，即社会控制机制探讨了作为正式控制手段的威慑因素，作为非正式控制手段的社会纽带和社会压力因素，对员工信息安全违规意愿的影响。与已有研究将注意力集中于探讨正式控制的作用不同，其扩展了非正式控制机制，并发现了其对于员工信息安全行为的关键作用。其次，本章在信息安全情境下引用了社会纽带理论进行实证研究，这是已有研究没有讨论过的。本章的研究不仅对了解和分析员工信息安全违规意愿受哪几方面因素的影响制约建立了新的认识，还对该领域理论研究发展贡献了新的研究思路。

根据研究的结论，本章在管理实践上提出以下建议：在正式控制方面，组织要完善信息系统安全政策中关于违规的说明，提高惩罚的严厉程度，更重要的是要加强实施和执行的力度用威慑的方法预防违规现象的发生。在非正式控制方面，加强员工对组织的纽带联系，如让员工从工作中获得满足感和成就感，提高对组织的忠诚度，鼓励员工多参与组织的非正式活动，加强遵纪守法的意识培训，等等。同时，通过对社会压力的研究表明，上级、同事的期望，周围员工的行为对员工信息安全行为有很大影响。因此，管理者可以提高个人及组织对员工的期望，在组织中改善加强信息安全氛围。

6.6.3　不足与未来研究

首先，本章采用了自陈式问卷方法进行数据收集。尽管没有发现共同方法偏差对本章数据的影响，但未来研究或许可以使用纵向设计，分多次完成数据收集工作。例如，首次收集因变量，一段时间后收集自变量数据。

其次，本章的自变量使用意愿而非测量实际行为。尽管前人的研究证实意愿与实际行为之间的紧密预测关系，然而这并不意味着具有意愿的个体一定会从事对应的行为。未来研究应该尽可能的对实际行为进行探讨。

最后，研究中部分变量的测量依托于设计的情境。尽管本章选择的情境符合组织实际，并能够在一定程度上反映实际中的信息安全问题，但并不能囊括全部的信息安全违规情况。未来研究将讨论当前变量在更多其他违规情境下的解释力。

6.7　小　　结

本章整合社会控制理论、威慑理论和社会纽带理论，将威慑作为正式控制机制，社会纽带和社会压力作为非正式控制机制，探讨组织员工违背信息系统安全政策的关键要素及其作用机制。本章引入非正式控制，扩展了已有研究对于正式控制机制的研究结论。通过实证，本章证实了非正式控制机制对于违规行为意愿的作用，即对工作和组织的依恋、承诺和信念有效地削弱员工违背信息系统安全政策的行为意愿。同时主观规范和同事行为同样对违规行为意愿产生影响作用。

参 考 文 献

[1] Jiang S，Lambert E G. Views of formal and informal crime control and their correlates in China[J]. International Criminal Justice Review，2009，19（1）：5-24.

[2] Nagin D，Pogarsky G. Integrating celerity，impulsivity，and extralegal sanction threats into a model of general deterrence：theory and evidence[J]. Criminology，2001，39（4）：865-892.

[3] Straub D，Straub W. Effective is security[J]. Information Systems Research，1990，1（3）：255-276.

[4] Straub D，Nance W. Discovering and disciplining computer abuse in organizations：a field study[J]. MIS Quarterly，1990，14（1）：45-60.

[5] Straub D，Welke R. Coping with system risk：security planning models for management decision making[J]. MIS Quarterly，1998，22（4）：441-469.

[6] Laub J，Sampson R. Understanding desistance from crime[J]. Crime and Justice，2001，28：1-69.

[7] Hepburn J R. The effect of social bonds on successful adjustment to protection：an event history analysis[J]. Criminal Justice Review，2004，29（1）：46-75.

[8] Hollinger R，Clark J. Formal and informal social controls of employee deviance[J]. Sociological Quarterly，1982，23（3）：333-343.

[9] Lasley J. Toward a control theory of white-collar offending[J]. Journal of Quantitative Criminology，1998，4（4）：347-362.

[10] Lee J，Lee Y. A holistic model of computer abuse within organizations[J]. Information Management and Computer Security，2002，10（2）：57-63.

[11] Venkatesh V，Brown S A. A longitudinal investigation of personal computers in homes：adoption determinants and emerging challenges[J]. MIS Quarterly，2001，25（1）：71-102.

[12] Venkatesh V，Morris M S G，Davis G B，et al. User acceptance of information technology：toward a unified view[J]. MIS Quarterly，2003，27（3）：425-478.

[13] Sheeran P，Orbell S. Implementation intentions and repeated behavior：augmenting the predictive validity of the theory of planned behavior[J]. European Journal of Social Psychology，1999，29（2~3）：349-369.

[14] Vroom C，Solms V R. Towards information security behavioral compliance[J]. Computers & Security，2004，23（3）：191-198.

[15] Peace A，Galletta D，Thong J. Software piracy in the workplace：a model and empirical test[J]. Journal of Management Information Systems，2003，20（1）：153-177.

[16] Herath T，Rao H R. Encouraging information security behaviors in organizations：role of penalties，pressures and perceived effectiveness[J]. Decision Support Systems，2009，47（2）：154-165.

[17] Siponen M T, Vance A. Neutralization: new insights into the problem of employee information systems security policy violation[J]. MIS Quarterly, 2010, 34（3）: 549-566.

[18] Lee S M, Lee S G, Yoo S. An integrative model of computer abuse based on social control and general deterrence theories[J]. Information & Management, 2004, 41（6）: 707-718.

[19] Chapple C L, McQuillan J A, Berdahl T A. Gender, social bonds, and delinquency: a comparison of boy's and girl's models[J]. Social Science Research, 2005, 34（2）: 357-383.

[20] D'Arcy J, Hovav A, Galletta D. User awareness of security countermeasures and its impact on information systems misuse: a deterrence approach[J]. Information Systems Research, 2009, 20（1）: 79-98.

[21] Li H, Zhang J, Sarathy R. Understanding compliance with internet use policy from the perspective of rational choice theory[J]. Decision Support Systems, 2010, 48（4）: 635-545.

[22] Podsakoff P M, MacKenzie S B, Lee J Y, et al. Common method biases in behavioral research: a critical review of the literature and recommended remedies[J]. Journal of Applied Psychology, 2003, 88（5）: 879-903.

[23] Liang H, Saraf N, Hu Q, et al. Assimilation of enterprise systems: the effect of institutional pressures and the mediating role of top management[J]. MIS Quarterly, 2007, 31（1）: 59-87.

[24] Gefen D, Straub D W, Boudreau M C. Structural equation modeling and regression: guidelines for research practice[J]. Communications of the Association for Information Systems, 2000, 4（7）: 1-77.

[25] Fornell C, Larcker D F. Evaluating structural equation models with unobservable variables and measurement error[J]. Journal of Marketing Research, 1981, 34（2）: 161-188.

第7章 基于中和技术和理性选择的 互联网滥用行为意愿研究

7.1 问 题 描 述

员工的互联网滥用行为指员工使用工作场所中的互联网从事非工作目的的上网行为，是一类特殊的违反信息系统安全政策的行为。虽然此类行为往往并非出于恶意破坏信息资源的目的，但这种行为不仅会降低工作效率、占用网络带宽、增加企业的法律风险[1]，而且会给企业的信息系统带来一系列的潜在的安全威胁[2]，如浏览不安全的网站或钓鱼链接使企业的计算机遭受病毒攻击。迄今为止，互联网滥用行为被认为是工作场所中最普遍却又屡禁不止的一种计算机滥用方式。因此，如何遏制互联网滥用行为、规范网络使用制度对企业来说就显得至关重要。管理者有必要确定出该行为的影响因素和应对策略，以便通过改变这些影响因素来改善员工的绩效和生产力，并规范互联网使用行为。本章尝试从员工的理性选择和中和技术使用视角揭示员工从事互联网滥用行为的关键动机及其作用机制，从而为如何防治此类行为寻找切实可行的应对策略。

7.2 互联网滥用

7.2.1 背景与概念

随着 IT 技术的普及，互联网已经成为人们日常生活和工作中不可缺少的工具。然而，工作场所的互联网使用却因为员工从事非工作相关上网行为而产生了消极作用。一方面，该行为导致企业遭受时间、成本和生产力方面的重大损失。Websense 的一项调查表明，50%的员工平均每天在工作场所花费 2 个小时的时间进行非工作相关的上网行为。同时员工 30%~40%工作时间的上网行为都与其工作业务无关，这些行为给企业造成了巨大的损失。另外，40%的被调查公司的员工投诉他们的同事在互联网上浪费时间，56.5%的员工报告说这种非工作相关的互联网使用行为降低了他们的生产力[3]。另一方面，该行为可能引发信息安全事件为企业的信息安全带来负面影响。2012 年的数据调查显示，78%的大规模企业（员工>250 人）和 33%的小规模企业（≤250 人）认为与员工相关的信息安全事件来源于员工对互联网的滥用行为[2]。

互联网滥用行为，也被称为非工作相关的上网行为（non-work-related computing，NWRC）、蹭网行为（cyberloafing）、网络偷懒行为（cyberslacking）、网络偏差行为（internet deviance）、垃圾计算机行为（junk computing）或个人网络使用行为（personal web usage），是指员工在工作时间利用组织提供的互联网从事与工作无关的活动的行为[4]。本章将影响工作效率、引发各种信息安全问题的非工作相关互联网使用行为统称为互联网滥用行为。这种行为不仅限于个人电子商务（如网购，跟踪股市行情炒股），个人目的的通信（如滥用 QQ、MSN 等即时通信工具），网上冲浪（如访问新闻等与工作无关的网页），下载个人目的的文件（如电影、音乐），在线玩游戏，甚至从事一些网络犯罪活动。

7.2.2　研究现状

近年来，学者们对互联网滥用行为的研究主要集中于其识别技术[5]、规范用户行为[6]、制定互联网使用制度[7]、对用户的教育[8]、理解道德规范的制约作用[9]，以及探讨互联网滥用行为的影响因素[10]等。为了解决互联网滥用这一问题，企业越来越多的对员工的互联网使用行为进行监控检测并制定相应的互联网使用制度[11, 12]。企业通常基于威慑理论的思想来预防员工在工作时间滥用互联网和社交网站，即通过惩罚措施来规范员工的行为并改正其不良行为[2]。然而，工作场所中的互联网滥用行为仍然十分普遍。至今为止，互联网滥用行为被认为是组织中最严重的一种计算机滥用行为。随后一些研究人员强调了探讨人类自身心理和行为特点与互联网滥用行为之间关系的必要性[11]。

1. 个人因素

与员工互联网滥用意愿相关的人口学特征包括性别、年龄、学历、工龄、每天的计算机使用时间及组织中互联网使用制度实行时间等。许多研究表明员工个人特征和工作中的互联网滥用意愿之间存在关联，但是这种联系往往并不总是稳定一致的，互联网滥用意愿与同一变量之间时而表现出正相关，时而又表现出负相关。

Garrett 和 Danziger[13]通过对 1 024 位员工的电话调查发现在组织中处于较高地位（测量因素包括职位、工作自主性、收入、教育水平等）的人比基层员工更频繁的在工作中利用互联网从事个人目的的活动。同样，Ugrin 等[14]发现年轻的管理者更倾向于从事互联网滥用行为，并且工作压力是促使员工更多地从事互联网滥用行为的原因之一，年轻管理者在工作中的高度自主性进一步滋长了互联网滥用行为。

Vitak 等[15]从个人特质、工作满意度和工作环境需求三方面研究了九种常见的工作场所中的蹭网行为的影响因素，这些行为包括：发送私人邮件、即时消息和短信、访问社交网站、观看视频、发布和浏览博客、在线玩游戏、在线购物。结果表明，年龄与三种社交类的蹭网行为负相关；男性比女性更倾向于在工作时间发布和浏览博客与观看视频；另外，非白领员工比白领员工更喜欢在工作时间发送私人邮件及即时消息和短信；同时，学历与发送私人邮件及购物行为正相关；而工作满意度显著影响即时信息和短信及访问社交网站两种工作时间的蹭网行为。

2. 社会和组织要素

Galletta 和 Polak[10]基于计划行为理论，通过对 571 名调研者的在线调查发现，作为态度变量的工作满意度、网络成瘾显著影响调研者的互联网滥用行为，同伴和上司的主观规范作用同样显著，但是感知的行为控制并没有表现出积极的影响作用。同时，计算机使用经验、性别和收入在一定程度上对互联网滥用行为也具备预测能力。

Woon 和 Pee[16]整合研究了工作满意度和 Triandis' 的人际交往行为理论（theory of interpersonal behavior, TIB）对员工互联网滥用行为的影响作用。研究表明，情感、社会因素和习惯显著影响员工的互联网滥用意愿和行为；另一有趣的发现是员工的工作满意度越高，其对互联网滥用这一行为意向的情感越强烈。Pee 等[17]同样基于 TIB 发现情感、社会因素和感知的后果严重影响员工从事非工作上网目的的行为意愿，而该行为意愿、习惯和便利条件又决定了员工的具体行为。

Lee 等[18]基于多个理论研究了员工非工作相关上网行为的影响因素。研究发现行为意向和信息系统 IS 环境因素显著影响员工的非工作相关上网行为，感知的有用性（perceived usefulness）可以很好地解释该行为意愿；但是当模型中包括诸如习惯和情感等无意识因素时，行为意愿的影响作用不再显著，相反的习惯成为一个重要的影响变量，并且模型的解释度增加一倍。

Blanchard 和 Henle[19]将蹭网行为分为轻微的（在工作时间收发个人邮件）和严重的（在线游戏、浏览非工作相关网页等）。随后其通过一项实证研究发现员工感知的同事和领导的规范作用积极地影响轻微的蹭网行为，但是对严重的蹭网行为并不相关；员工对机遇的信念（belief in chance）显著影响轻微的和严重的蹭网行为，但是员工对重要他人的信任（belief in powerful others）与两种蹭网行为均不相关。

Beugré[20]提出了一个失调的网络行为（dysfunctional cyberbehavior）模型，他将失调的网络行为定义为一个多维的变量，其中包括网络破坏（cyberdestruction）、网络失礼（cyberincivility）、蹭网行为（cyberlofing）和网络盗窃行为（cybertheft）。同时认为组织公正（包括分配公正、程序公正和互动公正）会显著影响员工的各种失调网络行为。Ahmadi 等[21]和 Lara[22]的研究也表明组织公正性与员工的蹭网行为显著相关。

Lim 和 Teo[23]研究了员工感知的工作场所中各种蹭网行为的流行性与严重性，同时指出互联网这一介质导致的办公地点的不确定性进一步增强了员工对互联网的滥用。

Bock 等[24]综合不同工作性质和组织文化对员工非工作目的上网行为的影响。研究发现工作任务的非程序化程度越高，非工作目的上网行为控制机制的作用越弱；控制机制和组织文化之间的匹配度越高，员工对非工作目的上网行为的管理越满意，从而减少了员工花在非工作目的上网行为上的时间。另外，不存在任何组织都适用的最好的非工作目的上网行为控制机制。

Lee 等[25]基于多元无知理论（theory of pluralistic ignorance，TPI）研究了个人的互联网滥用行为与其心理状态之间的关系，结果表明个人感知的错误的社会规范超越了个人的态度，进而导致违背个人态度的行为发生。因此，建议管理者在治理互联网滥用行为时应该综合考虑社会因素和各种技术对策。

Lim[4]基于社会交换、组织公正和中和技术的理论框架，研究了中和技术对工作场所中蹭网行为的影响。结果表明当员工感知的组织在分配、程序和互动方面存在不公正时，他们更倾向于使用明细账的隐喻这一中和技术来合理化其蹭网行为。Rajah 和 Lim[26]发现组织公民行为（organizational citizenship behavior）和中和技术均会被员工用来合理化其蹭网行为。

Garrett 和 Danziger[27]指出工作中的不满因素，如压力和不满情绪对员工工作时间的私人目的上网行为并没有显著影响；相反地，促成私人目的上网行为达到预期结果的因素，如预期的网络工作效能、常规的计算机使用行为、工作承诺、组织对员工互联网使用行为的限制等因素显著影响员工在工作场所的私人目的网络使用行为；其研究结果同时表明员工在工作场所使用网络从事私人目的的网络行为的原因与在其他地方的缘由是一样的。

涂晓春等[28]发现个人的思想认知、习惯、心理依赖、感知的收益、人际交往、工作地位、创造力和对相关制度规范的了解程度显著的影响员工的非工作上网行为。从组织因素的角度，涂晓春和常亚平[29]发现工作安排的匹配性、企业的惩罚力度、监控力度、氛围和日常的工作量等五个因素是导致员工非工作上网行为发生的显著因素；因此建议企业应该提高人力资源基础管理水平，同时加强企业制度和文化建设。

从文献回顾中可以发现：一方面，有众多学者从员工个体本身为视角出发研究其个体特征对互联网滥用行为的影响，包括年龄、性别、学历、工龄、互联网使用时间、组织中互联网制度实行时间等；另一方面，除了从员工个体特征，对互联网滥用意愿进行研究之外，许多学者还研究了组织环境的影响，包括组织公平公正性、组织文化、工作性质等对员工的影响。另外，还有学者依据成熟的态度—意愿—行为路径模式结合其他理论对互联网滥用行为进行了研究。在模型验证方面，通过问卷调查获取数据，利用结构方程模型对模型和假设进行验证。

而目前阶段，国内关于互联网滥用行为的相关研究还比较少，并且缺乏科学的统计分析定量研究。在模型的构建上，对单一模型应用得较多，或者提取与问题相关的几个因素进行研究，鲜有完整的理论架构；在实证方面，国内学者能够较好地借鉴国外已经开发的成熟量表采用问卷调查的方法获取数据，但是在数据处理上国内学者较多地采用回归分析的方法，这与国外较多采用结构方程模型不太一致。因此，国内学者加大对模型的整合研究是未来的一个趋势，且需要运用科学的统计方法进行定量分析。

7.3　理论基础与研究模型

本章试图基于中和技术理论和理性选择理论从理由和借口两方面来深入剖析影响员工互联网滥用意愿的变量。如图 7.1 所示的概念模型，本章的因变量是员工互联网滥用行为的意愿。选择行为意愿而非实际行为作为因变量主要基于两方面的原因：一方面是实际行为的测量较为困难；另一方面，根据计划行为理论，实际行为是由执行该行为的意愿决定的，行为意愿作为实际行为的替代变量，它在很大程度上解释了实际行为[30]。

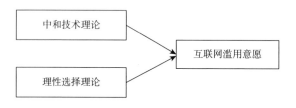

图 7.1　员工互联网滥用意愿概念模型

7.3.1　中和技术理论

中和技术理论，也被称为中道技术理论、漂浮理论（drift theory）或中立化技术理论，是最重要的犯罪学理论之一。中和技术认为犯罪者通过中和其行为可以维护其遵纪守法的形象，进而在守法和犯法行为之间游走。中和技术理论认为变成犯罪者的过程也是个人学习而来的。犯罪行为的产生是因为人同时处于两种压力下：一个是顺从大众社会的价值观，另一个却是与前者相冲突的次文化规范，迫使个人的行为脱离正轨。当个人欲从事犯罪行为时，就会延伸出一系列的心理防御机制去辩解其犯罪行为是正当的，进而将其模棱两可的道德原则加以合理化。一般犯罪者仍保有传统的价值观与态度，但是他们学习到一些技巧来合理化其行为，使其可以心安理得地参与到犯罪行为中。

中和技术理论作为犯罪学领域中的重要理论之一，已经被成熟地应用于犯罪，并扩展到非犯罪情境下的各种偏差行为的研究中。例如，Harris 和 Dumas[31]的研究发现点对点（P2P）的在线用户倾向于使用各种中和技术来事先辩解或事后合理化其在线的不良行为，包括软件盗版、音乐/电影盗版或其他的电子盗版行为。Siponen 等[32]集合各种不同的惩罚措施（如正式的惩罚、羞耻感和道德信念）及中和技术理论研究了组织中的盗版软件使用行为。研究结果表明中和技术中更高层次效忠和反击谴责者显著影响员工的盗版软件使用意向，同时非正式的惩罚措施诸如羞耻感和道德信念的影响作用也十分显著。此外，Siponen 和 Vance[33]发现中和技术同样是员工违反信息系统安全政策的重要诱因，并且中和技术的使用将导致组织威慑作用的失效。在互联网滥用情境下，Harrington[34]发现否认责任与个人从事计算机滥用意愿显著相关。

Sykes 和 Matza[35]认为犯罪者对其偏差行为的合理化技术通常包括以下五种：否认责任（denial of responsibility），否认伤害（denial of injury），否定被害者（denial of victim），反击谴责者（condemnation of the condemners），高层次效忠（appeal to higher loyalty）。之后，Klockars 补充了"明细账隐喻"（metaphor of the ledger）[36]。同时，其他学者也引进了其他几种中和技术，主要有：常见性诉求（claim of normalcy）[37]，否认恶意（denial of negative intent）[38]，可接受诉求（claim of relative acceptability）[39]。下文详细介绍了本次运用到的各种中和技术。

1. 否认责任

这一技术的核心思想是，如果个人否定自己对其越轨行为的责任，那么自我和他人反对该越轨行为的抑制作用就会减弱[35]。运用这一技术，越轨人通常声称该越轨行为并非自身的责任，而是源于超越了自身控制能力的外界因素。例如，Eliason 和 Dodder 指出当麋鹿的偷猎者使用否认责任这一技术为自己的行为辩解时，他们会声称自己并不知道法律禁止捕猎[40]。在 IS 安全的研究背景下，Harrington[40]发现否认责任这一技术与个人的计算机滥用意愿显著相关。Puhakainen[41]在一项研究中指出员工拒绝遵从为电子邮件加密的一项制度规定，因为他们认为该制度的制定并不清晰。Siponen 和 Vance[33]也指出当员工认为企业的信息系统安全政策没有被广泛告知，或者他们不知道或不理解该政策时，其信息系统安全政策违背意愿会很强烈。在本章背景下，员工可能会将自己的网络滥用行为辩解为"不清楚具体的网络使用制度"或"组织对工作任务分工不明确、工作压力太大"等，从而将自己行为的责任推卸到企业身上。

2. 否认伤害

犯罪者主张犯罪本身并没有对任何人造成伤害或损失，或因为受害者能够承受该伤害。否定行为的错误，犯罪者就可以合理化非法的行为[42]。Copes[43]发现驾车游玩偷车者通常认为自驾车最终会被还回去，因此兜风并没有造成任何损害。在本章的研究情境中，员工可能会声称自己的互联网滥用行为并没有给企业造成任何实际的看得见的损失，所以其相应的偏差行为是可以接受的。

3. 否定被害者

尽管违法者可能承认自己对违法行为的责任、也肯定造成了伤害，但是依然认为自己的行为是合理的；因为在他们看来，其违法行为没有实质性的受害者，或者受害者是未知的或抽象的，或者受害者是罪有应得（基于受害者过去的罪行）[35]。这种观点认为，如果没有受害者，相应的伤害也就无从谈起。从本章的研究问题来看，因为滥用互联网的受害者是很难去界定的，员工可能认为个人的网络滥用行为并没有伤害到其他的任何人，既然没有受害者，那么偏差行为也就无从谈起。

4. 反击谴责者

犯罪主体可能将注意力从自己的偏差行为转移到不同意他们这些行为的人身上。他们可能声称那些谴责者自身就是"伪君子"，进而将其偏差行为归咎于制度或法律的制定者，或者其他的管理阶层[35]。在本章的研究情境中，员工可能会认为企业领导应该去关注其他比滥用互联网行为更为严重的问题，如提高生产力、员工满意度等，而不用将时间和精力放在如此微弱的互联网滥用行为上；或者员工可能之前受到过不公平的待遇，因而认为自己使用企业提供的网络从事非工作相关上网行为也无可厚非。

5. 高层次效忠

违法者声称他们需要遵从更高层次个人关联的"非常规社会纽带"关系（如家人、朋友等），因此不得不做出一些偏差行为[35]。根据本章的研究情境，员工可能辩解说自己是为了更好地服务企业或出于帮助家人、朋友的立场，不得已使用互联网进行了一些非工作相关的上网行为。

6. 明细账隐喻

当个人通过明细账隐喻使用中和技术时，他们辩解自己有权偶尔放纵一次，因为他们认为自己过去一贯的优异表现足以累积一定的荣誉积分来"兑现"[44, 45]。也就是说，当员工花费了大量时间和精力来完成自己的工作，甚至超出自己工作职责的任务时，他们希望雇主能够以他们喜欢的方式分配予一定的成果作为报酬，或者雇主可以确保成果的分配过程是公平的，即以公平、公正的态度对待他们。因此，员工将自己提供的服务看作可以"兑现的积分"用以和企业交换有形的或无形的报酬似乎也是合理的，这些报酬可以是企业之前明确的或隐含的承诺。基于社会交换的固有互惠规范，当那些感觉到在某种程度上被不公平对待的员工使用中和技术来换回一些表象的公平关系时，他们的行为也变得似乎可以理解了。简言之，与其一贯的良好行为相比，当事人一时的偏差行为是可以原谅的一次特例。在本章情境下，员工可能会声称自己一贯兢兢业业，偶尔浏览一下网页、看看电影等行为是可以被接受的。

7. 常见性诉求

当事人认为其问题行为是普遍的、频繁发生的，因此，不应该认为是一种偏差行为[46]。针对本章的互联网滥用行为，员工可能会认为其他的同事都在工作时间从事非工作相关的上网活动，因而自己的网络滥用行为也是在情理之中的。

8. 否认恶意

当事人将其偏差行为视为一个玩笑、意外或者其他意料之外的影响事故；他们认为其行为本身并无意造成伤害，所以也就没有义务对此负责[31]。在本章的研究情境中，员工可能会认为自己从事非工作相关的上网行为只是为了放松休息一下，并无意给企业或任何个人造成任何伤害。

9. 可接受诉求

当事人通过将其行为与那些更应该受到谴责的行为相比，试图最大限度地降低其行为的不利后果。针对本章的研究问题，员工可能会认为相比于其他更恶劣的企业犯罪行为，网络滥用是一个微不足道的问题，因而其相关行为并不是不合理的。

基于以上分析，提出以下假设。

$H_{7.1}$：员工对中和技术的运用与其互联网滥用意愿正相关。

7.3.2　理性选择理论

理性选择理论强调人是理性动物，人的本能就是趋吉避凶、追求用最小的成本获取最大的报酬，因此，需要平衡考虑某种行为的成本和利益来决定是否从事该行为。理性选择理论同样是犯罪学领域的重要理论之一，罪犯之所以会从事犯罪活动是因为他们通常会最大化从相关犯罪行为中获得的超出预期惩罚成本部分的预期收益。理性选择理论同样被扩展应用于揭示组织中的偏差行为，因为不管是企业犯罪行为或企业违规者都受制于惩罚的威胁[47]。如果员工经过一系列成本收益的分析后认为互联网滥用行为可以给自己带来便利和好处，并且成本低、安全风险小、收益高，就会进行其互联网滥用的偏差行为。

理性选择理论包括感知的成本、安全隐患知觉和收益知觉，其中感知的成本包括惩罚严重性和惩罚确定性。

1. 惩罚严重性

惩罚的作用一般是通过威慑理论来进行检验的，并且已获得一些 IS 领域的研究支持。威慑作用被建议为企业减少计算机滥用行为和打击使用盗版软件[48]的主要机制。理性选择理论也肯定了惩罚在遏制偏差行为方面的重要作用[47]。威慑机制包括两个方面：惩罚严重性和惩罚确定性[49]。这两方面都只是与员工的个人感知有关而非实际的惩罚的严重性和检测到的可能性。在组织中，惩罚包括受到领导的斥责、罚款、降职、解雇等。高程度的感知惩罚严重性趋于增加偏差行为的感知成本，抵消偏差行为的吸引力或收益。因此，高程度的感知惩罚严重性可能会推动成本-收益权衡的净效应，进而减少互联网滥用行为。换句话说，当员工感知到互联网滥用行为的惩罚较严厉时，他们很可能降低互联网滥用意愿或行为。由此提出以下假设。

H7.2：惩罚严重性与其互联网滥用意愿负相关。

2. 惩罚确定性

根据理性选择理论，感知的惩罚确定性同样对员工的偏差行为具有威慑作用。感知的惩罚确定性指员工感知的如果使用工作场所中的互联网从事与工作无关的活动，他们被发现的可能性。它是从事互联网滥用行为被发现的感知风险之一。之前的研究发现，低水平的惩罚确定性增加了员工的盗窃行为[50]及使用盗版软件的行为[48]。而高程度的感知惩罚确定性趋于降低互联网滥用行为的吸引力。当员工感知到他们被发现的可能性较大时，他们倾向于减少互联网滥用行为。因此，提出以下假设。

H7.3：惩罚确定性与其互联网滥用意愿负相关。

3. 安全隐患知觉

安全隐患知觉指员工感知的工作场所中的互联网安全风险。近年来，互联网已成为病毒攻击的主要平台，在工作场所中访问与工作无关的网站增加了员工个人计算机或信息成为互联网安全漏洞牺牲品的概率。因此，感知的安全隐患可以作为另一种基于恐惧的机制，增加互联网滥用行为的风险。Woon 等[51]发现当使用家庭无线网络的用户感知到安全风险程度较高时，他们往往开启安全功能。在本章互联网滥用行为的研究情境中，当员工感知到互联网给他们的计算机或数据信息带来较高程度的安全威胁时，他们可能更倾向于在工作场所使用互联网时采取一些预防措施，进而减少互联网滥用行为。因此，提出以下假设。

H[7.4]：安全隐患知觉与其互联网滥用意愿负相关。

4. 收益知觉

根据理性选择理论，潜在的犯罪者在犯罪前通常会进行成本-收益的权衡分析。收益作为内在的或外在的驱动力促使员工从事互联网滥用行为。这里将感知的收益定义为员工感知到的可以从互联网滥用行为中获得的各种好处，它可以是比使用个人网络节省的时间或金钱。例如，WebsenseInc 的一篇报道指出员工在感恩节后的星期一在网络上购物的流量显著增加，因为它可以“节省员工时间、减少访问商场网站的麻烦，可以使他们很方便地直接进行购物”[52]。便利性是员工从事非工作上网行为的一个重要收益[17]。还有些员工访问与工作无关的网站只为了娱乐，如下载音乐、游戏等。这些互联网滥用行为感知的收益可能会超过感知的惩罚和安全隐患的作用，进而导致互联网滥用行为意愿的增强。因此，提出以下假设。

H[7.5]：收益知觉与其互联网滥用意愿正相关。

基于以上分析总结出研究模型如图 7.2 所示。

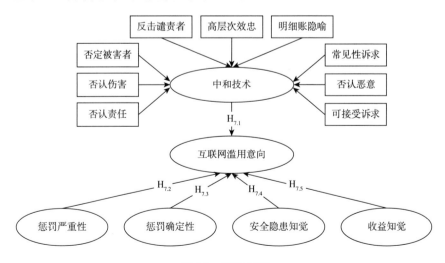

图 7.2　研究模型

7.4 研究设计

7.4.1 变量测量

基于以下步骤进行变量的测量与量表开发。第一步是文献阅读与总结。为了减少信度和效度上可能出现的问题，初始测度项的确定主要基于国内外已有的理论和实证研究文献。因变量是员工在工作场所的互联网滥用意愿，根据 Pee 和 Geok 等[17]的相关研究，这个变量用三个题项来测量。本章共包括 13 个自变量。其中，中和技术是包含九个一阶反映型变量的二阶构成型变量（即反映型-构成型二阶变量），各个策略（维度）的测量出自 Siponen 和 Vance[33]（否认责任、否认伤害）、Morris 和 Higgins[53]（否定被害者）、Buzzell[54]（反击谴责者）和 Hinduja[55]（高层次效忠、常见性诉求、否认恶意、可接受诉求）、Lim[4]等（明细账隐喻）。理性选择理论主要是从感知的成本和收益来度量个人在执行某行为时的心理权衡过程。结合 Geok 等[17]及 Li 等[56]的相关研究，本章根据实际情况，形成了各个变量的测量题项。第二步通过与企业员工和学者专家直接交流进一步修改各个测度题项。由五名信息安全研究领域的专家和三名资历深厚的企业网管人员组成一个专家团队，探讨测度项的逻辑关系、语义等，并根据专家团队意见修改量表，由此构成最初的量表内容。第三步是进行小规模的预调研测试，进而确定最终量表。所有的量表在设计成问卷的时候采用 Likert7 点计分制对量表进行刻度。量表的具体内容和来源如表 7.1 所示。

表 7.1　量表内容

变量	测量项内容
互联网滥用意向 （int）	我打算在工作时间从事非工作上网行为
	我将会在工作时间从事非工作上网行为
	我期望在工作时间从事非工作上网行为
否认责任 （DenRes）	如果公司对我的工作任务和工作目标分配不明确，那么工作时间从事非工作上网行为是可以接受的
	如果公司没有明确的上网使用制度，那么工作时间从事非工作上网行为是可以接受的
	如果公司给的工作压力太大了，那么工作时间从事非工作上网行为是可以接受的
否认伤害 （DenInj）	工作时间从事非工作上网行为是可以接受的，因为我的非工作上网行为没有造成任何伤害
	工作时间从事非工作上网行为是可以接受的，因为我的非工作上网行为没有造成任何损失
	工作时间从事非工作上网行为是可以接受的，因为我的非工作上网行为没有伤害到任何人
否定被害者 （DenVic）	如果老板担心互联网滥用行为会对公司造成安全威胁，他们应该制定更好的上网管理制度
	我不认为互联网滥用行为给公司造成了很大损失
	我的老板比较有偏见而且待员工也不好，所以工作时间从事非工作上网行为也无可厚非

续表

变量	测量项内容
反击谴责者 （ConCon）	老板们应该更关心互联网滥用行为之外的其他"员工偏差行为"
	公司应该关注互联网滥用行为之外的其他问题
高层次忠诚 （AppHLoy）	公司剥削了我们员工这么多年，工作时间从事非工作上网行为也是合理的
	如果我这么做是为了使公司的某个人或某个业务受益，那么工作时间从事非工作上网行为是可以接受的
	如果为了接下来更高效地工作，那么工作时间从事非工作上网行为是可以接受的
	如果我的某个家人、朋友或重要的其他人需要我这么做，那么工作时间从事非工作上网行为是可以接受的
明细账隐喻 （MetLed）	我不认为工作时间从事非工作上网行为有什么错，因为我有时候加班也没有收到额外的报酬
	我不认为工作时间从事非工作上网行为有什么错，只要我不是经常这么做
	我不认为工作时间从事非工作上网行为有什么错，只要我能如期按老板要求完成工作任务
常见性诉求 （ClNor）	工作时间从事非工作上网行为是可以接受的，如果这种行为在公司很普遍，很多人都这么做
	工作时间从事非工作上网行为是可以接受的，如果似乎没有人在意是否会被老板发现
	工作时间从事非工作上网行为是可以接受的，如果其他人似乎都从中受益，为什么我不可以
否认恶意 （DeNInt）	工作时间从事非工作上网行为是可以接受的，如果我这么做只是为了工作时间更有趣
	工作时间从事非工作上网行为是可以接受的，如果我并无意因为此种行为给公司带来网络安全威胁
	工作时间从事非工作上网行为是可以接受的，如果我并没有任何恶意的/犯罪性的网络使用行为
可接受诉求 （ClReAcc）	工作时间从事非工作上网行为是可以接受的，因为互联网的匿名性为上网行为提供了隐私保护和被监测到的盾牌
	工作时间从事非工作上网行为是可以接受的，因为没有人真正关心我上网在做什么
	工作时间从事非工作上网行为是可以接受的，因为这种行为至少比实质性的去盗窃公司机密等行为更可以被接受
惩罚严重性 （SanSev）	如果我被公司发现在工作时间从事非工作上网行为，我会受到严厉的处罚
	如果我被公司发现在工作时间从事非工作上网行为，我受到处罚的严厉程度
	如果我被公司发现在工作时间从事非工作上网行为，公司将会限制我的上网权限
惩罚确定性 （DetCer）	如果我在工作时间从事非工作上网行为，我被公司发现的可能性
	如果我在工作时间从事非工作上网行为，我很可能被发现
安全隐患知觉 （PerSec）	我的计算机和信息受到网络安全漏洞威胁的可能性
	我的计算机成为网络安全漏洞受害者的可能性
	互联网滥用行为使企业有更多机会遭受到仿冒诈骗、间谍软件和其他网上攻击的威胁
	互联网滥用行为造成公司的信息发布处于无法监控的状态，加大公司机密泄漏的风险
收益知觉 （PerBen）	工作时间从事非工作上网行为，可以节省我私人时间
	工作时间从事非工作上网行为，可以节省私人费用
	工作时间从事非工作上网行为，十分方便、快捷
	工作时间从事非工作上网行为，可以使工作时间更加有趣

7.4.2　试测

在问卷正式发放之前，本章选择 50 个企业的信息管理专员进行了预调研。预调研的目的之一是了解调查对象对问卷长度、问卷表现形式和题项明确程度等的反馈。根据反馈结果对一些复杂语句进行了修改，重新调整一些模糊题项，尽量减少歧义，使调查对象可以准确无误地理解和回答问题。预调研目的之二是用收集的数据来检测问卷回收率、信度和效度。根据本章的预调研结果，各个测度项的信度和效度是可以接受的。另外，我们对问卷的个别措辞、问题顺序和问卷的格式做了一定修改，进而形成最终问卷。

7.4.3　数据收集

本章调查问卷的对象是企业中的普通员工。问卷的发放有两种形式，一种是纸质版，一种是在线问卷版。一方面，通过对国内 15 家企业发放的 500 份纸质问卷，回收到 253 份答卷；另一方面，借由一个专业的问卷调查网站，通过对 620 位符合要求的朋友和同学发送问卷链接，回收到 206 份答卷。剔除掉不完整或有错误（如所有答案都是 4 或 3、4 交替）的问卷 31 份，最后得到可用的有效问卷数 428 份，有效问卷回收率 38%。样本统计特征参见表 7.2。

表 7.2　背景信息统计

特征	类别	样本数	占比	特征	类别	样本数	占比
年龄	18~24 岁	78	18.2%	工作年限	5~10 年	32	7.5%
	25~34 岁	318	74.3%		10~20 年	18	4.2%
	35 岁及以上	32	7.5%		20 年以上	14	3.3%
教育程度	大专或以下	110	25.7%	职业	金融/审计	106	24.8%
	大学本科	194	45.3%		咨询顾问	23	5.4%
	硕士	101	23.6%		管理/人力资源/后勤	78	18.2%
	博士	23	5.4%		技术/研发	133	31.1%
所学专业	金融/经济/管理	175	40.9%		销售/公关	51	11.9%
	通信/计算机技术	159	37.1%		其他	37	8.6%
	电子/设备/自动化	46	10.7%	性别	男	230	53.7%
	市场营销	9	2.1%		女	198	46.3%
	文学/法律	28	6.5%	所在公司	1~100 人	189	44.1%
	其他	11	2.6%	人数	101~500 人	106	24.8%
工作年限	3 年以下	312	72.9%		501~1 000 人	41	9.6%
	3~5 年	52	12.1%		1 001 人以上	92	21.5%

续表

特征	类别	样本数	占比	特征	类别	样本数	占比
工作中使	无	13	3.0%	公司所属	通信/计算机	106	24.8%
用电脑	1~3 小时	32	7.5%	行业	重工/机械/设备	23	5.4%
时间（小	4~6 小时	83	19.4%		互联网/电子商务	68	15.9%
时/天）	7~10 小时	226	52.8%		会计/审计	5	1.2%
	10 小时以上	74	17.3%		银行/证券/保险	147	34.3%
互联网使	<3 年	65	15.2%		教育/研究所/政府机关	28	6.5%
用制度实	3~5 年	55	12.9%		中介/咨询	5	1.2%
行时间	>5 年	110	25.7%		广告/公关	14	3.3%
	无/不知道	198	46.3%		其他	32	7.5%

可以看出，从性别上来看，男性员工占样本总数的 53.7%，女性占样本总数的 46.3%，男女比例基本相当；从受教育水平上来看，45.3%的员工具有大学本科学历，23.6%具有硕士学历；从年龄分布上看，18~24 岁的占样本总数的 18.2%，25~34 岁的占样本总数的 74.3%，35 岁以上的占样本总数的 7.5%；工作年限上看，72.9%的样本工作年限在 3 年以下，12.1%的样本工作了 3~5 年；从每天使用计算机的时间来看，4~6 小时的占总体样本的 19.4%，7~10 小时的占总体样本的 52.8%，说明样本日常工作较多依赖电脑；样本所在公司规模从 1~100 人的小规模公司，到 1 001 人以上的大规模企业，分布相对比较平均，这些特征保证了数据来源的广泛性及数据的普遍性。公司实行互联网使用制度的时间上来看，46.3%的样本认为其公司没有相关制度或不知道该制度的存在，25.7%的样本认为公司实行互联网使用制度的时间在 5 年以上。同时问卷还调查统计了员工所学的专业，职业，公司所属行业，以及所在公司的人数情况等信息。

7.5 数据处理与结果

7.5.1 共同方法偏差检验

鉴于自变量和因变量均取自同一样本，并且所有数据都是自我阐述的，因此可能存在共同方法偏差的问题。本章使用以下两种方法对共同方法偏差进行了检验。首先进行 Harman 单因素检验。运用 IBM SPSS Statistics 19.0 计算出的被同一个变量可解释的最大协方差是 14.9%（<50%），表明可能不存在共同方法偏差。其次，采用 Liang 等[57]的方法进行了证明。检验的结果表明，变量实质性因素的平均解释方差为 0.780，而基于方法变量的平均解释方差为 0.001（表 7.3）。

同时，基于方法变量的因子载荷都是不显著的，并且指标实质性的解释方差显著大于方法变量的解释方差，因此可以推断共同方法偏差并不是一个严重的问题。

表 7.3　共同方法检验

测度项	实质因子载荷（R_1）	R_1^2	方法因子载荷（R_2）	R_2^2
DenRes1	0.913	0.834	−0.005	0.000
DenRes2	0.915	0.837	−0.001	0.000
DenRes3	0.898	0.806	0.006	0.000
DenInj1	0.808	0.653	0.019	0.000
DenInj2	0.815	0.664	0.048	0.002
DenInj3	0.888	0.788	−0.066	0.004
DenVic1	0.897	0.804	−0.018	0.000
DenVic2	0.893	0.797	−0.009	0.000
DenVic3	0.759	0.576	0.031	0.001
ConCon1	0.890	0.792	−0.020	0.000
ConCon2	0.882	0.779	0.001	0.000
ConCon3	0.862	0.743	0.019	0.000
AppHLoy1	0.893	0.797	−0.013	0.000
AppHLoy2	0.862	0.743	0.046	0.002
AppHLoy3	0.902	0.814	−0.034	0.001
MetLed1	0.880	0.774	0.017	0.000
MetLed2	0.890	0.792	−0.007	0.000
MetLed3	0.904	0.818	−0.011	0.000
ClNor1	0.862	0.742	0.048	0.002
ClNor2	0.956	0.913	−0.065	0.004
ClNor3	0.891	0.794	0.017	0.000
DeNInt1	0.904	0.817	−0.007	0.000
DeNInt2	0.884	0.782	−0.011	0.000
DeNInt3	0.885	0.783	0.018	0.000
ClReAcc1	0.916	0.839	−0.035	0.001
ClReAcc2	0.899	0.808	0.017	0.000
ClReAcc3	0.896	0.802	0.017	0.000

续表

测度项	实质因子载荷（R_1）	R_1^2	方法因子载荷（R_2）	R_2^2
DetCer1	0.969	0.939	0.027	0.001
DetCer2	0.929	0.863	−0.027	0.001
SanSev1	0.923	0.851	0.001	0.000
SanSev2	0.930	0.864	−0.002	0.000
SanSev3	0.908	0.825	0.002	0.000
PerSec1	0.692	0.478	−0.124	0.015
PerSec2	0.864	0.746	−0.018	0.000
PerSec3	0.878	0.770	0.023	0.001
PerSec4	0.952	0.907	0.105	0.011
PerBen1	0.816	0.666	0.048	0.002
PerBen2	0.872	0.760	−0.051	0.003
PerBen3	0.810	0.656	0.032	0.001
PerBen4	0.866	0.750	−0.029	0.001
int1	0.892	0.795	0.006	0.000
int2	0.879	0.773	0.039	0.001
int3	0.885	0.783	−0.048	0.002
均值	0.882	0.780	0.000	0.001

7.5.2　测量模型检验

信度分析的主要目的是判断各个题项的鉴别力，即调查问卷各题项能否稳定地测量所测的变量。采用组合信度 CR 值作为信度判定指标。潜在变量的建构信度的最小临界值是 0.70[58]。如表 7.4 所示，本节中所有变量的 CR 值都在 0.8 以上，表明所用问卷具有良好的组合信度，可靠性比较强。

表 7.4　潜变量的信度和相关系数

构念	AVE	CR	1	2	3	4	5	6	7	8	9	10	11	12	13	14
1	0.83	0.93	**0.91**													
2	0.70	0.88	0.50	**0.84**												
3	0.73	0.89	0.45	0.54	**0.85**											
4	0.77	0.91	0.46	0.43	0.51	**0.88**										
5	0.78	0.92	0.51	0.46	0.42	0.54	**0.89**									

续表

构念	AVE	CR	1	2	3	4	5	6	7	8	9	10	11	12	13	14
6	0.79	0.92	0.41	0.42	0.40	0.38	0.50	**0.89**								
7	0.81	0.93	0.55	0.45	0.45	0.46	0.49	0.55	**0.90**							
8	0.79	0.92	0.47	0.45	0.43	0.38	0.43	0.45	0.54	**0.89**						
9	0.82	0.93	0.42	0.43	0.44	0.39	0.40	0.44	0.43	0.54	**0.90**					
10	0.90	0.95	−0.53	−0.49	−0.47	−0.49	−0.50	−0.44	−0.52	−0.46	−0.44	**0.95**				
11	0.85	0.94	−0.20	−0.25	−0.20	−0.19	−0.08	−0.10	−0.21	−0.18	−0.11	0.33	**0.92**			
12	0.72	0.91	−0.40	−0.45	−0.43	−0.38	−0.41	−0.39	−0.39	−0.42	−0.42	0.67	0.32	**0.85**		
13	0.71	0.91	0.53	0.45	0.41	0.42	0.45	0.40	0.45	0.41	0.45	−0.50	−0.17	−0.38	**0.84**	
14	0.78	0.92	0.56	0.58	0.61	0.56	0.57	0.52	0.53	0.53	0.56	−0.59	−0.18	−0.61	0.62	**0.88**

注：1=DenRes；2=DenInj；3=DenVic；4=ConCon；5= AppHLoy；6=MetLed；7=CINor；8=DeNInt；9=CIReAcc；10=SanSev；11=DetCer；12=PerSec；13= PerBen；14=int；黑体数字为 AVE 平方根值

效度分析主要检测各题项测量到的项目是不是预先所要测量的指标特征。建构效度分析包括收敛效度和区别效度。潜变量收敛效度的评估方法有两种：第一个是通过每个潜变量的 AVE 来反应。根据 Fornell 和 Larcker 的建议，当 AVE 大于 0.50 时表示该测量模型具有较好的收敛效度[58]。从表 7.4 可以看出本节中潜变量 AVE 最小为 0.70，满足统计学基本要求。第二个指标是检查各测度项的因子载荷并评估每一个因子的统计显著性，因子载荷表示题项与潜变量的关系程度。一个题项在潜变量的因子载荷越高，表明这个题项与潜变量的关系越密切，也就是收敛效度越高；一个题项在潜变量的因子载荷越低，表示这个题项与潜变量的关系越不密切，也就是同收敛效度越低。学者认为各个潜变量测度项的因子载荷应大于 0.70[59]。由表 7.5 可以看出，各测度项的因子负荷最小为 0.78，均达到统计显著水平。

表 7.5　潜变量负荷系数和交叉系数

测量项	1	2	3	4	5	6	7	8	9	10	11	12	13	14
DenRes1	**0.91**	0.44	0.42	0.45	0.47	0.36	0.51	0.43	0.40	−0.48	−0.14	−0.36	0.47	0.51
DenRes2	**0.91**	0.45	0.40	0.40	0.46	0.38	0.51	0.45	0.37	−0.49	−0.20	−0.38	0.49	0.50
DenRes3	**0.90**	0.48	0.42	0.42	0.45	0.38	0.48	0.40	0.38	−0.47	−0.19	−0.37	0.48	0.53
DenInj1	0.41	**0.82**	0.44	0.39	0.41	0.33	0.41	0.32	0.27	−0.45	−0.24	−0.41	0.38	0.49
DenInj2	0.47	**0.86**	0.46	0.40	0.42	0.37	0.42	0.44	0.41	−0.45	−0.21	−0.35	0.36	0.47
DenInj3	0.37	**0.83**	0.46	0.29	0.32	0.34	0.30	0.36	0.38	−0.33	−0.19	−0.38	0.39	0.51

测量项	1	2	3	4	5	6	7	8	9	10	11	12	13	14
DenVic1	0.40	0.49	**0.88**	0.47	0.37	0.35	0.42	0.32	0.36	−0.40	−0.17	−0.38	0.37	0.53
DenVic2	0.43	0.46	**0.88**	0.46	0.38	0.34	0.41	0.37	0.34	−0.42	−0.17	−0.37	0.37	0.54
DenVic3	0.33	0.44	**0.79**	0.37	0.31	0.34	0.33	0.41	0.43	−0.37	−0.17	−0.36	0.33	0.48
ConCon1	0.39	0.37	0.45	**0.87**	0.46	0.30	0.40	0.32	0.36	−0.44	−0.19	−0.34	0.37	0.46
ConCon2	0.44	0.37	0.45	**0.88**	0.50	0.35	0.43	0.32	0.31	−0.44	−0.13	−0.32	0.39	0.49
ConCon3	0.40	0.40	0.45	**0.88**	0.46	0.36	0.37	0.37	0.37	−0.40	−0.20	−0.34	0.36	0.53
AppHLoy1	0.44	0.43	0.38	0.43	**0.88**	0.44	0.42	0.40	0.36	−0.43	−0.09	−0.36	0.38	0.50
AppHLoy2	0.45	0.43	0.39	0.51	**0.90**	0.46	0.44	0.41	0.38	−0.46	−0.09	−0.39	0.43	0.54
AppHLoy3	0.47	0.37	0.35	0.49	**0.88**	0.43	0.45	0.35	0.32	−0.44	−0.04	−0.34	0.39	0.48
MetLed1	0.39	0.40	0.36	0.33	0.45	**0.89**	0.54	0.38	0.41	−0.39	−0.09	−0.33	0.36	0.47
MetLed2	0.38	0.37	0.35	0.34	0.44	**0.88**	0.47	0.38	0.39	−0.39	−0.10	−0.34	0.36	0.47
MetLed3	0.33	0.35	0.37	0.36	0.44	**0.90**	0.47	0.44	0.37	−0.39	−0.10	−0.38	0.35	0.45
ClNor1	0.51	0.45	0.42	0.43	0.45	0.50	**0.90**	0.47	0.38	−0.46	−0.19	−0.37	0.44	0.52
ClNor2	0.47	0.37	0.38	0.38	0.42	0.48	**0.90**	0.49	0.39	−0.46	−0.20	−0.33	0.37	0.44
ClNor3	0.51	0.41	0.43	0.43	0.45	0.52	**0.91**	0.50	0.38	−0.48	−0.17	−0.35	0.40	0.47
DeNInt1	0.42	0.38	0.38	0.32	0.39	0.39	0.49	**0.90**	0.49	−0.39	−0.16	−0.40	0.36	0.48
DeNInt2	0.42	0.39	0.38	0.35	0.36	0.39	0.43	**0.88**	0.48	−0.40	−0.16	−0.36	0.34	0.47
DeNInt3	0.42	0.42	0.40	0.35	0.41	0.42	0.51	**0.90**	0.47	−0.42	−0.16	−0.35	0.39	0.48
ClReAcc1	0.35	0.36	0.37	0.33	0.34	0.39	0.38	0.46	**0.89**	−0.36	−0.10	−0.35	0.40	0.48
ClReAcc2	0.41	0.40	0.40	0.37	0.37	0.40	0.39	0.51	**0.91**	−0.40	−0.12	−0.38	0.40	0.52
ClReAcc3	0.38	0.38	0.42	0.37	0.37	0.39	0.38	0.48	**0.91**	−0.42	−0.08	−0.41	0.43	0.51
DetCer1	−0.51	−0.45	−0.43	−0.46	−0.44	−0.39	−0.48	−0.44	−0.41	**0.95**	0.32	0.63	−0.47	−0.55
DetCer2	−0.50	−0.48	−0.46	−0.46	−0.51	−0.44	−0.51	−0.42	−0.42	**0.95**	0.30	0.64	−0.48	−0.58
SanSev1	−0.19	−0.23	−0.18	−0.20	−0.08	−0.09	−0.21	−0.17	−0.09	0.29	**0.92**	0.28	−0.14	−0.16
SanSev2	−0.18	−0.23	−0.19	−0.18	−0.08	−0.10	−0.19	−0.17	−0.11	0.30	**0.93**	0.30	−0.15	−0.18
SanSev3	−0.17	−0.24	−0.18	−0.15	−0.07	−0.10	−0.18	−0.15	−0.10	0.30	**0.91**	0.30	−0.16	−0.17
PerSec1	−0.38	−0.41	−0.36	−0.32	−0.29	−0.33	−0.36	−0.41	−0.45	0.58	0.36	**0.78**	−0.37	−0.47
PerSec2	−0.35	−0.43	−0.42	−0.35	−0.40	−0.37	−0.34	−0.35	−0.36	0.54	0.22	**0.88**	−0.34	−0.55
PerSec3	−0.37	−0.34	−0.35	−0.36	−0.39	−0.31	−0.37	−0.35	−0.31	0.59	0.24	**0.86**	−0.29	−0.51
PerSec4	−0.28	−0.36	−0.34	−0.29	−0.31	−0.33	−0.25	−0.32	−0.33	0.56	0.29	**0.88**	−0.31	−0.53

测量项	1	2	3	4	5	6	7	8	9	10	11	12	13	14
PerBen1	0.50	0.37	0.35	0.39	0.43	0.33	0.46	0.35	0.39	−0.47	−0.17	−0.31	**0.85**	0.52
PerBen2	0.38	0.38	0.33	0.33	0.36	0.28	0.33	0.34	0.37	−0.38	−0.11	−0.33	**0.84**	0.53
PerBen3	0.47	0.37	0.35	0.35	0.37	0.38	0.39	0.34	0.40	−0.41	−0.12	−0.32	**0.84**	0.55
PerBen4	0.42	0.38	0.37	0.35	0.35	0.34	0.32	0.35	0.36	−0.42	−0.16	−0.34	**0.84**	0.49
int1	0.53	0.53	0.55	0.48	0.52	0.47	0.49	0.47	0.50	−0.57	−0.19	−0.52	0.53	**0.90**
int2	0.52	0.55	0.57	0.55	0.54	0.49	0.49	0.48	0.49	−0.55	−0.14	−0.53	0.61	**0.91**
int3	0.44	0.47	0.50	0.46	0.46	0.42	0.41	0.46	0.50	−0.45	−0.16	−0.56	0.51	**0.84**

注：黑体为惯用写法，表示"突出显示"

常见的评估区别效度的方法有三种：一种是任意两个潜变量之间的相关系数必须低于 0.85，否则会产生多重共线性的问题。如表 7.4 所示，本节模型中变量之间相关系数最大是惩罚确定性与安全隐患知觉之间的 0.67。第二种是评估区别效度的方法是，一个潜变量 AVE 的平方根值要大于该潜变量与其他变量的相关系数[58]。根据表 7.4 可以发现，14 个变量 AVE 的平方根（表 7.4 对角线上为各个变量 AVE 的平方根值）都显著大于该变量与其他变量之间的相关系数。另外一种区别效度的评估方法是各个题项的因子载荷要远远大于该题项与其他题项之间的交叉系数[60]，由表 7.5 可以看出，本节潜变量负荷系数和交叉系数的分析结果满足该要求。由此，我们所用调查问卷具有较好的区别效度。

此外，二阶变量中和技术的检验是通过 SmartPLS 来实现的[60]。如图 7.3 所示，所有九个子变量的路径系数都是显著的（$p<0.001$），表明每一个一阶变量对中和技术的贡献都是独特的。从表 7.4 也可以看出，九个子变量之间的相关系数并不是高度相关（$r<0.60$），这一数据也表明中和技术作为一个二阶变量是合理的。

7.5.3 结构方程检验

结构方程模型检验的是假设的显著与否和模型的解释度。图 7.3 描述了模型的检验结果，包括标准路径系数、路径的显著性及模型解释度。从图中可以看出 $R^2=67.5\%$，说明了模型能够很好地解释互联网滥用意愿。同时，除了惩罚严重性和惩罚确定性，所有变量对应的检验概率 p 值都小于 0.005，因此接受原假设，认为中和技术、安全隐患知觉、收益知觉对员工互联网滥用意愿有显著影响。但是，感知的惩罚严重性和感知的惩罚确定性的影响结果却并不显著，则 $H_{7.2}$ 和 $H_{7.3}$ 并不成立。在路径系数中，安全隐患知觉为负值，说明感知的安全隐患同员工互联网滥用意愿负相关，收益知觉、中和技术的路径系数为正值，说明此两项同员工

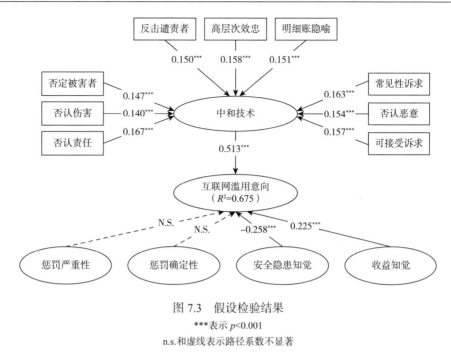

图 7.3　假设检验结果

***表示 $p < 0.001$

n.s.和虚线表示路径系数不显著

互联网滥用意愿正相关，即接受 $H_{7.1}$、$H_{7.4}$ 及 $H_{7.5}$。

7.5.4　控制变量分析

考察不同个体特征员工的互联网滥用意愿，运用单因素方差分析（One-Way ANOVA），对多组平均数差异的显著性进行检验，以了解不同个人因素对员工互联网滥用意愿的影响程度，其基本的想法是：通过分析不同来源变异对总变异的影响力大小，从而确定各个控制变量对研究结果贡献大小。具体来说，是以个体特征（包括性别、年龄、学历、工龄、计算机使用时间、互联网使用制度实行时间）作为自变量，检验其对员工互联网滥用意愿及各潜变量指标的影响程度。运用 SPSS 的单因素 ANOVA 模型，得到分析数据，如果 F 值足够大，则说明该因子的差异性具有统计学意义。

1. 性别

Vitak 等[15]认为男女在互联网滥用意愿上的差异性并没有一个简单的结论。有些研究认为女性比男性更加满意，也有些研究认为男性比女性更加满意[13]。本章的结论由表 7.6 可以看出，员工在工作场所中的互联网滥用意愿存在性别差异（$P = 0.04$），具体体现在中和技术、惩罚严重性、收益知觉三个方面的差异具有显著性，并且都显示了女性的意愿或感知程度高于男性。造成这种现象的主要原因可能是由于本章的调研问卷中没有限定具体的互联网滥用形式，而男性和女性在具体的网络使用行为上存在一定的不同，如女性更倾向于访问社交类网站、即时通信类网络服务，而男性浏览新闻类网页的时间更多些。结论还表明，在惩罚确定性和安全隐患知觉因素上，女性略高于男性，但无显著差异。

表 7.6　不同性别的员工互联网滥用意愿

性别	频数	互联网滥用意愿	中和技术	惩罚确定性	惩罚严重性	安全隐患知觉	收益知觉
男	230	3.63	4.18	3.09	3.89	3.65	3.92
女	198	4.33	4.78	3.34	4.21	4.60	4.66
F		4.23	6.13	0.34	6.27	1.32	6.47
Sig.		0.04	0.02	0.56	0.01	0.25	0.01

2. 年龄

由表 7.7 可以看出，不同年龄组员工的互联网滥用意愿不同，并且随着年龄上升其互联网滥用意愿呈 U 形曲线，但是统计学分析无显著性差异。从大多数因素及滥用互联网意愿方面来看，刚参加工作的员工，即 18~24 岁年龄段的员工的互联网滥用意愿比较高，然后下降，25~34 岁年龄段的员工滥用互联网意愿有所降低，到了 35 岁以上年龄段又有所提高。

表 7.7　不同年龄的员工互联网滥用意愿

年龄	频数	互联网滥用意愿	中和技术	惩罚确定性	惩罚严重性	安全隐患知觉	收益知觉
18~24 岁	78	4.22	4.53	3.32	4.27	3.91	4.19
25~34 岁	318	3.85	4.34	3.04	4.04	4.04	4.18
35 岁以上	32	4.29	5.47	4.50	4.10	4.32	5.29
F		0.48	3.01	1.72	0.10	0.22	1.93
Sig.		0.62	0.05	0.19	0.91	0.80	0.15

3. 学历

分析结果显示，不同学历员工的互联网滥用意愿不同，其中研究生及以上学历员工的互联网滥用意愿最高，平均为 4.22，本科学历员工的互联网滥用意愿最低，平均为 3.69，但统计学分析无显著性差异。具体如表 7.8 所示。

表 7.8　不同学历的员工互联网滥用意愿

学历	频数	互联网滥用意愿	中和技术	惩罚确定性	惩罚严重性	安全隐患知觉	收益知觉
本科以下	110	4.10	4.67	3.23	4.03	4.36	4.91
本科	193	3.69	4.31	2.99	4.33	3.70	4.06

学历	频数	互联网滥用意愿	中和技术	惩罚确定性	惩罚严重性	安全隐患知觉	收益知觉
硕士及以上	125	4.22	4.52	3.52	3.78	4.26	4.01
F		0.97	0.73	0.56	0.70	2.40	3.38
Sig.		0.38	0.49	0.57	0.50	0.10	0.04

4. 工龄

表 7.9 分析结果显示，不同工龄组员工的互联网滥用意愿不同，差异有统计学意义。具体体现在中和技术、惩罚严重性、安全隐患知觉、收益知觉四个方面的差异具有显著性。具体来说，工龄在 3 年以下和 5 年以上的员工的互联网滥用意愿是较高的；相比之下，工龄在 3~5 年的员工的互联网滥用意愿较低。工龄在3 年以下的员工的互联网滥用意愿较高主要是因为他们刚进入职场不久，对组织制度还不甚了解，同时还没有形成一定的组织忠诚度，因此，该时期他们的滥用互联网意愿较高。但是，随着工龄的增长，即工龄在 3~5 年的员工，工作和生活逐渐稳定，同时，该时期他们的婚姻、家庭、升职等各方面的压力增大，不可避免地兢兢业业、尽职尽责地工作，因此滥用互联网的意愿自然也下降。工龄达到5 年以上的员工，随着年龄的增长，社会阅历的增加，对事情各方面的看法也发生了一定的变化，他们有了自己成熟的人生观、事业观，同时他们的婚姻、家庭等方面都已经基本定型，来自各方面的压力相对都减小，工作在某种程度上逐渐成为一种日常习惯，因此，滥用互联网的意愿也就可能相对较高。

表 7.9　不同工龄的员工互联网滥用意愿

工龄	频数	互联网滥用意愿	中和技术	惩罚确定性	惩罚严重性	安全隐患知觉	收益知觉
3 年以下	312	3.84	4.36	3.03	4.03	3.82	3.99
3~5 年	52	3.55	4.22	2.55	3.76	4.59	4.59
5 年以上	64	4.81	5.13	4.57	4.62	4.63	5.36
F		2.83	3.57	4.34	0.74	3.21	6.17
Sig.		0.02	0.01	0.02	0.48	0.04	0

5. 计算机使用时间

表 7.10 分析结果显示，不同计算机使用时间组员工的互联网滥用意愿不同，随计算机使用时间的增加其互联网滥用意愿也上升，但是统计学分析无显著性差异。

表 7.10　不同计算机使用时间的员工互联网滥用意愿

计算机使用时间/（小时/日）	频数	互联网滥用意愿	中和技术	惩罚确定性	惩罚严重性	安全隐患知觉	收益知觉
3 小时以下	46	3.53	3.84	4.25	4.00	4.13	4.43
4~6 小时	82	3.72	4.62	2.39	4.17	4.06	4.21
7 小时以上	300	4.08	4.51	3.27	4.08	4.02	4.25
F		0.67	1.59	2.96	0.03	0.03	0.08
Sig.		0.52	0.21	0.06	0.97	0.97	0.93

6. 互联网使用制度实行时间

表 7.11 分析结果显示，组织中互联网使用制度实行时间不同的员工组其互联网滥用意愿不同，统计学分析有显著性差异。具体体现在惩罚确定性、惩罚严重性、收益知觉三个方面的差异具有显著性；从表中可以看出，互联网使用制度实行的时间越久，员工感知的惩罚的作用越大、感知的收益越小，其互联网滥用意愿也相对越低。

表 7.11　不同互联网使用制度实行时间的员工互联网滥用意愿

互联网使用制度实行时间	频数	互联网滥用意愿	中和技术	惩罚确定性	惩罚严重性	安全隐患知觉	收益知觉
无	198	4.29	4.57	3.16	3.91	4.02	4.49
3 年以下	65	4.00	4.53	4.21	4.50	3.75	3.64
3~5 年	55	3.50	4.36	3.21	4.19	3.85	4.19
5 年以上	110	3.53	4.28	3.19	4.61	4.31	3.75
F		3.57	0.35	2.78	4.63	0.60	2.74
Sig.		0.01	0.79	0.03	0	0.61	0.02

7.6　研究贡献与管理启示

7.6.1　主要发现

研究结果表明，中和技术理论显著的影响员工的互联网滥用意愿。这一发现与中和技术在其他领域的应用结果是一致的。例如，Harrington[46]发现中和技术与个人的计算机滥用意愿显著相关；Siponen 等也指出中和技术理论可以很好地解释员工的信息系统安全政策违规行为及个人的软件盗版行为[32, 33]。

理性选择理论对员工互联网滥用意愿的影响作用是复杂的。首先，在中和技术的影响下，惩罚的影响作用并不显著。这与之前学者们关于信息系统安全政策遵从行为[61]和计算机滥用行为[62, 63]的实证研究结论并不一致。但是 Piquero 等[64]的一项关于企业犯罪的研究却发现了与本章一致的研究结果，Siponen 和 Vance[33]也发现在中和技术的影响下，正式惩罚对员工信息安全违规行为的影响并不显著。同样，D'Arcy 等[65]的一项研究表明惩罚确定性与行为意愿之间的关系并不显著。Tyler[66]也指出相对于社会道德和合法性的长期影响作用，威慑和预防措施对偏差行为的影响是短期的。之所以造成这一不同的结果，可能的一种解释是中和技术促使人们去违背相关制度条约，同时在内心将自己视为基本的制度遵从者[35]。

其次，研究发现员工感知的信息安全隐患显著地影响其互联网滥用意愿，这说明员工普遍感知到了互联网滥用行为存在的潜在安全隐患，因此，企业管理者应该在组织中进一步加大对互联网滥用行为危害作用的宣传，提高员工的安全意识。

最后，员工感知的收益对其互联网滥用行为具有正向的显著影响作用。在后续的研究中，一些受访者指出在工作时间利用组织网络从事个人目的的行为可以被认为是工作的一种福利形式，这一行为在一定程度上有助于舒缓工作压力，进而提高员工的工作积极性和满意度。因此，本章建议管理者对工作时间进行一定的调整，允许员工从事组织可接受的、一定量的个人网络行为；同时制定相应的网络使用制度，并针对该制度规范进行广泛地宣传，以便对安全风险进行有效地管理。

7.6.2　理论贡献

本章的重要贡献首先在于整合了中和技术理论和理性选择理论对员工从事互联网滥用行为进行了实证探讨。其次，将一般威慑理论与理性选择理论相整合，作为理性选择中的成本要素考虑，并结合风险要素和利益要素，全方位地了解员工从事互联网滥用行为的关键外部动机。威慑要素和理性选择理论的探讨丰富了现有互联网滥用行为研究的研究视角和结论。最后，研究结论呈现出一些全新的发现。研究结论表明中和技术是导致员工实施互联网滥用行为的最关键要素，然后是安全隐患知觉的削弱作用和利益知觉的强化作用，而威慑要素对互联网滥用行为的意愿不起作用。由此表明，员工在从事互联网滥用行为时往往会采取各种借口合理化自己的滥用行为，并且员工获益越多越倾向于从事滥用行为，从而忽视可能的外部威慑所带来的消极后果。

7.6.3　管理启示

首先，研究发现性别、工龄及组织中互联网使用制度实行时间等控制变量对员工的互联网滥用意愿具有显著的统计学差异。因此，本章建议企业制定明确的互联网使用制度并严格的执行相应的制度以提高员工对滥用网络行为惩罚的感知，进而规范其网络使用行为。Young[67]指出企业需要同时采用前期预防和事后干预两种措施来监管员工的互联网滥用行为，企业应该制定明确的互联网使用政策及网络监管措施来促使员工遵守网络使用制度。

其次，基于研究的发现，我们提出以下策略来应对员工合理化其偏差行为的中和技术和理性选择权衡。就否定伤害而言，我们建议企业以组织培训或其他会议来告知员工在工作时间使用互联网从事非工作相关的事情为什么会对企业造成伤害。基于场景的演习是一个很好的培训方式，可以让员工体验到滥用互联网从事非工作相关的行为时有哪些危害可能发生[41]。另外，因为企业管理者对员工行为的影响是促使员工遵守互联网使用制度的一个有效途径[32, 33]，因此，我们建议管理者应该明确告知员工滥用互联网行为对企业的潜在伤害，从而遏制员工的互联网滥用行为。对于否定责任，管理者在与员工的谈话及培训会议的演讲中都必须明确强调，员工不能用任何借口来合理化其互联网滥用行为，即使员工不清楚具体的互联网使用制度。前人对员工违反信息系统安全政策的研究表明培训可以有效地来实现这一目标[33]。在这里需要重点强调的是，所有员工都要为自己的上网行为负责，没有人能逃脱这个责任。另外，我们建议管理人员需要确保互联网使用制度在组织中得到了广泛的宣传，同时，还应该确保相关的互联网安全使用政策对所有员工是可读的和可理解的。同样，关于更高层次效忠，组织高层管理人员需要确保中层管理者不支持其下属为了完成某项工作去滥用网络。在这里需要教育员工其工作内容的一部分包括对互联网使用制度的遵从，任何疏忽网络使用制度滥用互联网的行为都应该被看作是一个人对工作责任的疏忽。遵循这一理念，反击谴责者的应对理由应该是，即使一时感觉自己受到了不公正的待遇，也不应该在工作时间从事非工作相关的行为来获得心理上的补偿。关于明细账隐喻，我们认为，要明确指出员工对网络使用政策的一般遵守是不够的，任何违反政策的行为都是没有道理的。同样，员工应该明白，一贯的努力工作并不能成为他们偶尔滥用互联网的理由。

最后，虽然正式惩罚的作用在本章中被发现是不显著的，但是不能完全说惩罚的威慑作用是无效的。在其他领域的研究中，学者们发现惩罚的影响作用是显著的[62, 68]。另外，根据道德认知发展理论，个人在道德发展的"服从"阶段仅能被惩罚的威胁威慑。这表明基于其威慑作用企业应该建立正式惩罚体系。此外，除具有威慑作用外，惩罚还可以作为员工违反网络使用制度时的一个重要的法律制裁依据[34]。因此，相信正式的惩罚在遏制互联网滥用行为及实施和强制执行互联网使用制度中都发挥着极其重要的控制作用。

7.6.4　不足与展望

本章的第一个研究局限主要体现在数据样本的选择上。本次目的是探讨员工在工作场所中互联网滥用行为的影响因素，尽管该偏差行为在组织各个阶层人员中均普遍存在，但本章的调查对象主要是公司的基层员工；很明显，企业管理者和基层员工所具备的视角和所代表的利益是不一样的，因此，他们对该问题的认知也必然不同。正如本章所述，一些研究发现企业中的高层管理者基于其工作中更高程度的自主性，其互联网滥用行为比基层员工更为频繁[13, 14]。因此，在未来的研究中，研究者可以更精细地区分样本数据，从而更深入地了解该问题，使研究结果更具有普遍意义。这也将是下一步研究的主要方向之一。

第二，本章主要采取了纸质问卷和网络问卷相结合的方法对问卷进行发放和回收。在发放纸质问卷时，笔者对调查对象有疑问的相关题项都进行了解释说明，帮助其准确理解问卷内容；而在网络问卷发放过程中，无法对调查对象进行面对面的解释说明，而且网络存在着一定的隐蔽性和匿名性，这可能导致本章的调查问卷结果存在一定偏差。另一方面，有学者认为那些响应在线广告、在线填写问卷的调查对象往往更熟悉互联网，因此，更容易犯滥用互联网的错误。

第三，本章仅验证了员工对各种中和技术的运用显著地影响其互联网滥用意愿，但是并没有具体分析应对策略的有效性。因此，下一个可能的研究方向是关于如何最有效地抑制员工对各种中和技术的应用。一方面，在其他领域的研究表明通过对公司制度的详细解释和一些教育培训课程可以有效遏制员工使用各种中和技术的意愿[41, 33]。另一方面，Froggio 等[69]指出当组织中的行为准则比较弱时，员工更倾向于使用中和技术。因此，本章建议有必要研究一下弱文化规范是否促进了员工对中和技术的使用。同时还需要探索一下中和技术的出现是否有具体的原因。中和技术理论表明当个人学会中和技术后更倾向去打破社会规则[35, 70]，未来的研究可以尝试探索该结论。

7.7　小　　结

本书首次将两个经典的犯罪学理论——中和技术理论与理性选择理论引入工作场所中的员工互联网滥用行为的实证研究，提出了其互联网滥用意愿的研究模型并进行了实证分析。通过对员工互联网滥用意愿的影响因素进行检验，结果发现中和技术的影响是显著的，而理性选择理论中安全隐患知觉和收益知觉影响显著，惩罚确定性和惩罚严重性的影响作用却并不显著。此外，不同个体特质的员工（即性别、工龄和互联网使用制度实行时间）的互联网滥用行为存在意愿上的差异性。本章在吸取理性行为理论、中和技术理论、理性选择理论、威慑理论等基础理论的基础上扩展了相关理论的应用研究领域，并补充了员工互联网滥用行为方面的实证研究。研究的结论为企业管理者规范员工的网络使用行为指明了方向，为其制定相关的管理策略提供理论支持，更好地促进组织的信息安全建设。

参 考 文 献

[1] Greengard S. The high cost of cyberslacking[J]. Workforce，2000，79（12）：22-24.

[2] 普华永道. Information security breaches survey[R]. Pricewaterhouse Coopers LLP 2012.

[3] Association American Management. Electronic monitoring & surveillance survey：over half of all employers combined fire workers for email and internet abuse[EB/OL]. http://www.tuugo.us/ Companies/american-monitoring-services/0310005202597#!，2008.

[4] Lim V K G. The IT way of loafing on the job：cyberloafing，neutralizing and organizational justice[J]. Journal of Organizational Behavior，2002，23（5）：675-694.

[5] Islam N，Anand R，Jaeger T，et al. A flexible security system for using internet content[J]. IEEE Software，1997，14（5）：52-59.

[6] McBride P. Develop secure internet practices[J]. Internet Security Advisor，2000，4（2）：18-25.

[7] Siau K，Nah F F H，Teng L. Acceptable internet use policy[J]. Communications of the ACM，2002，45（1）：75-79.

[8] Case C J，Young K S. Employee internet management：current business practices and outcomes[J]. CyberPsychology & Behavior，2002，5（4）：355-361.

[9] Anandarajan M，Simmers C. Personal Web Usage in the Workplace：A Guide to Effective Human Resources Management[M]. Hersey：Information Science Publishing，2003.

[10] Galletta D F，Polak P. An empirical investigation of antecedents of internet abuse in the workplace[C]. The 2nd Pre-ICIS Annual Workshop on HCI Research in MIS，2003：47-51.

[11] Lim V K G，Teo T S H，Loo G L. How do I loaf here？Let me count the ways[J]. Communications of the ACM，2002，45（1）：66-70.

[12] Al-Saad A，Saleh Z. Identifying internet abuse by analyzing user behavior on the internet[J]. Journal of Internet Banking and Commerce，2011，16（1）.

[13] Garrett R K，Danziger J N. On cyberslacking：workplace status and personal internet use at work[J]. CyberPsychology & Behavior，2008，11（3）：287-292.

[14] Ugrin J C，Pearson J M，Odom M D. Profiling cyber-slackers in the workplace：demographic，cultural，and workplace factors[J]. Journal of Internet Commerce，2008，6（3）：75-89.

[15] Vitak J，Crouse J，Larose R. Personal internet use at work：understanding cyberslacking[J]. Computers in Human Behavior，2011，27：1751-1759.

[16] Woon I M Y，Pee L G. Behavioral factors affecting internet abuse in the workplace：an empirical investigation[C]//Proceedings of the Third Annual Workshop on HCI Research in MIS，Washington，2004：80-84.

[17] Geok P L，Woon I M Y，Kankanhalli A. Explaining non-work-related computing in the workplace：a comparison of alternative models[J]. Information & Management，2008，45（2）：120-130.

[18] Lee O K D，Lim K H，Wong W M. Why employees do non-work-related computing：an exploratory investigation through multiple theoretical perspectives[C]. IEEE，2005：185.

[19] Blanchard A L，Henle C A. Correlates of different forms of cyberloafing：the role of norms and external locus of control[J]. Computers in Human Behavior，2008，24（3）：1067-1084.

[20] Beugré C D. Understanding dysfunctional cyberbehavior：the role of organizational justice[A]// Anandarajan M，Thompson S H T，Simmers C A. The Internet and Workplace Transformation[C]. London：Routledge，2006：223-239.

[21] Ahmadi H，Bagheri F，Ebrahimi S A，et al. Deviant work behavior：explaining relationship between organizational justice and cyber-loafing as a deviant work behavior[J]. American Journal of Scientific Research，2011：103-116.

[22] Lara P Z M. Relationship between organizational justice and cyberloafing in the workplace：has "anomia" a say in the matter？[J]. CyberPsychology & Behavior，2007，10（3）：464-470.

[23] Lim V K G，Teo T S H. Prevalence，perceived seriousness，justification and regulation of cyberloafing in Singapore：an exploratory study[J]. Information & Management，2005，42（8）：1081-1093.

[24] Bock G W，Huang K H，Liu P，et al. The role of task characteristics and organization culture in non-work related computing（nwrc）[A]//Jacko J A. Human-Computer Interaction[C]. Berlin：Springer，2007：681-690.

[25] Lee S M，Yoon S，Kim J. The role of pluralistic ignorance in internet abuse[J]. Journal of Computer Information Systems，2008，48（3）：38-43.

[26] Rajah R，Lim V K G. Cyberloafing，neutralization and organizational citizenship behavior[C]. Pacific Asia Conference on Information Systems，2011.

[27] Garrett R K，Danziger J N. Disaffection or expected outcomes：understanding personal internet use during work[J]. Journal of Computer-Mediated Communication，2008，13（4）：937-958.

[28] 涂晓春，常亚平，张金隆. 员工非工作上网行为个人因素的实证研究[J]. 工业工程与管理，2010，15（5）：105-110.

[29] 涂晓春，常亚平. 员工非工作上网行为研究：基于组织因素的实证[J]. 管理学报，2011，8（12）：1813-1817.

[30] Ajzen I. From intentions to actions：a theory of planned behavior[J]. Springer Berlin Heidelberg，1985，22（8）：11-39.

[31] Harris L C，Dumas A. Online consumer misbehavior：an application of neutralization theory[J]. Marketing Theory，2009，9（4）：379-402.

[32] Siponen M T，Vance A，Willison R. New insights into the problem of software piracy：the effects of neutralization，shame，and moral beliefs[J]. Information & Management，2012，49（7~8）：334-341.

[33] Siponen M T，Vance A. Neutralization：new insights into the problem of employee information systems security policy violations[J]. MIS Quarterly，2010，34（3）：487-502.

[34] Harrington S J. The effect of codes of ethics and personal denial of responsibility on computer abuse judgements and intentions[J]. MIS Quarterly，1996，20（3）：257-278.

[35] Sykes G M，Matza D. Techniques of neutralization：a theory of delinquency[J]. American Sociological Review，1957，22（6）：664-670.

[36] Klockars C B. The Professional Fence[M]. New York：Free Press，1974.

[37] Coleman J. The Criminal Elite：Understanding White-collar Crime[M]. New York：St. Martin's Press，1994.

[38] Garrett D，Bardford J，Meyers R，et al. Issues management andorganizational accounts：an analysis of corporate responses to accusations of unethical business practices[J]. Journal of Business Ethics，1989，8（7）：507-520.

[39] Henry S，Eaton R. Degrees of Deviance：Student Accounts of Their Deviant Behavior[M]. Salem：Sheffield Publishing Company，1994.

[40] Harrington S J. The effect of codes of ethics and personal denial of responsibility on computer abuse judgements and intentions[J]. MIS Quarterly，1996，20（3）：257-278.

[41] Puhakainen P. A design theory for information security awareness[D]. PhD. Dissertation，University of Oulu，2006.

[42] Goode S，Cruise S. What motivates software crackers？[J]. Journal of Business Ethics，2006，65（2）：173-201.

[43] Copes H. Societal attachments，offending frequency，and techniques of neutralization[J]. Deviant Behavior，2003，24（2）：101-127.

[44] Hollinger R C. Neutralizing in the workplace：an empirical analysis of property theft and production deviance[J]. Deviant Behavior，1991，12（2）：169-202.

[45] Minor W. Techniques of neutralization：a reconceptualization and empirical examination[J]. Journal of Research in Crime and Delinquency，1981，18（2）：295-318.

[46] Harrington S J. The effect of codes of ethics and personal denial of responsibility on computer abuse judgments and intentions[J]. MIS Quarterly，1996，20（3）：257-278.

[47] Paternoster R，Simpson S. Sanction threats and appeals to morality：testing a rational choice model of corporate crime[J]. Law & Society Review，1996，30（3）：549-584.

[48] Peace A G，Galletta D，Thong J. Software piracy in the workplace：a model and empirical test[J]. Journal of Management Information Systems，2003，20（1）：153-177.

[49] Wenzel M. The social side of sanctions：personal and social norms as moderators of deterrence[J]. Law Human Behavior，2004，28（5）：547-567.

[50] Lau V C S，Au W T，Ho J M C. A qualitative and quantitative review of antecedents of counterproductive behavior in organizations[J]. Journal of Business and Psychology，2003，18（1）：73-99.

[51] Woon I M Y，Tan G W，Low R T. A protection motivatoin theory approach to home wireless security[C]. International Conference on Information Systems，2005.

[52] Websense. "Blue monday" raws high employee traffic to shopping websites during work day[EB/OL]. http://www.websense.com/global/en/PressRoom/PressReleases/PressReleaseDetail/?Release=041201792，2008-06-25.

[53] Morris R G，Higgins G E. Neutralizing potential and self-reported digital piracy a multitheoretical exploration among college undergraduates[J]. Criminal Justice Review，2009，34（2）：173-195.

[54] Buzzell T. Holiday revelry and legal control of fireworks：a study of neutralization in two normative contexts[J]. Western Criminology Review，2005，6（1）：30-42.

[55] Hinduja S. Neutralization theory and online software piracy：an empirical analysis[J]. Ethics and Information Technology，2007，9（3）：187-204.

[56] Li H，Zhang J，Sarathy R. Understanding the compliance with the internet use policy from a criminology perspective[J]. Inproceedings of the 15th Americas Conference on Information Systems，San Francisco，USA. 2009.

[57] Liang H，Saraf N，Hu Q，et al. Assimilation of enterprise systems：the effect of institutional pressures and the mediating role of top management[J]. MIS Quarterly，2007，31（1）：59-87.

[58] Fornell C，Larcker D F. Evaluating structural equation models with unobservable variables and measurement error：a comment[J]. Journal of Marketing Research，1981，18（3）：39-50.

[59] Gefen D，Straub D W，Boudreau M C. Structural equation modeling and regression：guidelines for research practice[J]. Communications of the AIS，2000，4：1-77.

[60] Chin W W. Issues and opinion on structural equation modeling[J]. MIS Quarterly，1998，22（1）：7-16.

[61] Siponen M T，Pahnila S，Mahmood A. Employees'adherence to information security policies：an empiricalstudy[C]//Proceedings of the Dewald Roode Workshop on Information Systems Security Research，Sandton，Gauteng，South Africa，2007：133-144.

[62] Straub D W，Nance W D. Discovering and disciplining computer abuse in organizations：a field study[J]. MIS Quarterly，1990，14（1）：45-62.

[63] Kankanhalli A，Teo H H，Tan B C Y，et al. An integrative study of information systems security effectiveness[J]. International Journal of Information Management，2003，23（2）：139-154.

[64] Piquero N L，Tibbetts S G，Blankenship M B. Examining the role of differential association and techniques of neutralization in explaining corporate crime[J]. Deviant Behavior，2005，26（2）：159-188.

[65] D'Arcy J，Hovav A，Galletta D. User awareness of security countermeasures and its impact on information systems misuse：a deterrence approach[J]. Information Systems Research，2009，20（1）：79-98.

[66] Tyler T R. Compliance with the intellectual property laws：a psychological perspective[J]. International Law and Politics，1996，29：219-235.

[67] Young K. Policies and procedures to manage employee internet abuse[J]. Computers in Human Behavior，2010，26（6）：1467-1471.

[68] Kankanhalli A，Teo H H，Tan B C Y，et al. An integrative study of information systems security effectiveness[J]. International Journal of Information Management，2003，23（2）：139-154.

[69] Froggio G，Zamaro N，Lori M. Exploring the relationship between strain and some neutralization techniques[J]. European Journal of Criminology，2009，6（1）：73-88.

[70] Piquero N L，Tibbetts S G，Blankenship M B. Examining the role of differential association and techniques of neutralization in explaining corporate crime[J]. Deviant Behavior，2005，26（2）：159-188.

后　记

　　行为学视角下的信息安全管理对组织的信息资源配置与员工行为控制具有重要意义。本书针对信息系统安全政策遵守行为和信息系统安全政策违背行为进行了深入探讨。企业通过制定信息系统安全政策来约束员工的信息安全活动，对信息系统安全政策的遵守意味着员工对信息资产的操作和使用在企业许可的范畴之内，是维护企业信息安全的行为基础。然而，员工对于信息系统安全政策的违背则会对企业的信息安全产生消极影响和不良风险。因此，企业需要对员工的行为进行约束，通过组织强制力来约束员工遵守信息系统安全政策，并且摒弃潜在的违规行为，确保员工对信息资产的使用符合信息系统安全政策的基本要求。

　　未来研究可进一步从以下角度和方法进行探讨：

　　（1）员工情绪与信息安全行为。

　　已有研究通常以理性经纪人假设为基础，认为员工的信息安全行为决策是理性思考下的结果，忽视了对于情绪等非理性要素的考量。信息系统安全政策在组织中的颁行往往带有自上而下的强制性，而员工却往往仅关注自身值得去做的工作而不想付出额外的努力[1]，由此导致员工对于 IT 的使用不能完全遵从组织意志，存在着诱发员工情绪偏离的潜在风险。Moody 和 Siponen[2]证实情绪对员工在工作期间从事非工作相关的上网行为起到正向影响作用。Gulenko[3]探讨了密码使用中的情绪响应对安全行为的关键性作用。早在 2008 年德勤发布的《第六次全球安全年度调查》中就已经开始关注情绪对于信息安全的影响作用，认为员工情绪导致的违规操作可能会成为信息安全遭受破坏的根源。翁勇南[4]通过案例分析构建组织内部威胁因素模型，认为情绪是信息安全中内部威胁者的动机之一。负向情绪是

---

[1] Xue Y, Liang H, Wu L. Punishment, justice, and compliance in mandatory IT settings[J]. Information Systems Research, 2011, 22（2）: 400-414.

[2] Moody G D, Siponen M T. Using the theory of interpersonal behavior to explain non-work-related personal use of the Internet at work[J]. Information & Management, 2013, 50（6）: 322-335.

[3] Gulenko I. Improving passwords: influence of emotions on security behaviour[J]. Information Management & Computer Security, 2014, 22（2）: 167-178.

[4] 翁勇南. 信息安全中内部威胁者行为倾向研究[D]. 北京交通大学硕士学位论文, 2006.

导致犯罪的重要原因①，而组织惩罚有可能会导致员工产生诸如焦虑不满等负向情绪，从而对信息系统安全政策和组织控制机制持敌对态度②。对员工情绪的探讨，有助于组织信息系统安全政策设计的合理性和人性化，以及信息安全意识培训体系的完善，然而，现有研究多基于员工的认知视角，尽管 Johnston 和 Warkentin③、Vance 等④及 Ifinedo⑤的研究基于恐惧诉求理论（fear appeal theory）进行了探讨，但相关视角依然是侧重于从威胁认知和效用认知层面，没有对恐惧等负向情绪的作用进行直接探讨。有关员工情绪与信息系统安全政策遵守和违背行为的探讨有待于进一步展开。

（2）关注角色外信息安全行为。

员工既是企业信息安全问题的触发者，也是解决者和安全稳态的维护者。与之前大多数研究将员工看作信息安全麻烦的制造者不同，从员工的积极角色出发探讨员工在信息安全问题解决中所扮演的正面角色。一味地强加控制会导致员工的心理抗拒⑥⑦、使用中和技术⑧⑨及产生安全压力⑩，这与组织期望通过信息系统安全政策管理等手段达到信息安全绩效的目标与愿景背道而驰。员工在对待信息安全问题上同样具备主动性。

信息安全情境下的角色外行为通常是在信息系统安全政策之外的，不受奖惩机制影响的自发性的信息安全行为。这是与信息系统安全政策遵守（或违背）行为（即角色内行为）完全不同的全新概念。在组织中提倡角色外行为对企业的信

① Agnew R. Foundation for a general strain theory of crime and delinquency[J]. Criminology, 1992, 30（1）: 47-88.

② Chen Y, Ramamurthy K, Wen K W. Organizations' information security policy compliance: stick or carrot approach? [J]. Journal of Management Information Systems, 2012, 29（3）: 157-188.

③ Johnston A C, Warkentin M. Fear appeals and information security behaviors: an empirical study[J]. MIS Quarterly, 2010, 34（3）: 549-566.

④ Vance A, Siponen M T, Pahnila S. Motivating IS security compliance: insights from habit and protection motivation theory[J]. Information & Management, 2012, 49（3~4）: 190-198.

⑤ Ifinedo P. Understanding information systems security policy compliance: an integration of the theory of planned behavior and the protection motivation theory[J]. Computers & Security, 2012, 31（1）: 83-95.

⑥ Lowry P B, Posey C, Bennett R B J, et al. Leveraging fairness and reactance theories to deter reactive computer abuse following enhanced organisational information security policies: an empirical study of the influence of counterfactual reasoning and organisational trust[J]. Information Systems Journal, 2015, 25（3）: 193-273.

⑦ Lowry P B, Moody G D. Proposing the control-reactance compliance model（CRCM）to explain opposing motivations to comply with organisational information security policies[J]. Information Systems Journal, 2015, 25: 433-463.

⑧ Siponen M T, Vance A. Neutralization: new insights into the problem of employee systems security policy violations[J]. MIS Quarterly, 2010, 34（3）: 487-502.

⑨ Warkentin M, Willison R, Johnston A C. The role of perceptions of organizational injustice and techniques of neutralization in forming computer abuse intentions[C]. Proceedings of the AMCIS, 2011.

⑩ D'Arcy J, Herath T, Shoss M K. Understanding employee responses to stressful information security requirements: a coping perspective[J]. Journal of Management Information Systems, 2014, 31（2）: 285-318.

息安全绩效有着积极的意义①②。例如，向企业建言可以协助企业改善信息系统安全政策的漏洞和盲点，帮助他人学习信息系统安全政策，号召同事共同参与履行信息系统安全政策规定的义务，等等。此外，Chen 等③认为角色外行为还可以降低员工使用中和技术并促进信息系统安全政策的遵守。另外，信息系统安全政策难以囊括全部的信息安全要求，员工对信息系统安全政策之外的安全行为的参与可以补充和完善信息系统安全政策要求的缺失，以应对不断出现的新兴威胁，从而保障企业持续地处于动态安全状态之中①。因此，企业应该重视员工在信息安全活动中的主动性，并创造有利条件来激发员工参与角色外信息安全行为的意愿。

（3）大数据和脑科学研究方法与信息安全行为。

关注大数据和脑科学研究方法在信息安全行为学领域的应用。研究方法的局限性导致未来研究可以通过大数据来获取更多的客观情境数据样本。例如，通过企业披露的信息安全事件公告等公开，且以有公信度的信息作为测量样本来源，可能会得到更为丰富和贴合实际的研究结论。此外，Hu 等④和 Vance 等⑤尝试将脑脑波成像方法引入信息安全行为学领域，借助脑波图像精准地度量员工在信息安全行为中的认知响应过程和决策过程。未来研究中可以通过跨学科合作，尝试该方法在信息安全行为研究中的更多可能性。

（4）个人层面的信息安全行为研究。

社会生活场景下个人层面的信息安全同样是值得关注的研究领域。人们在电子商务、移动终端和社交媒体使用过程中需要生成和提交诸多的隐私信息，如身份信息、位置信息、财务信息和社交信息等。特别是物联网和移动智能设备的逐渐普及，如移动健康和医疗等，对信息安全也提出诸多挑战。如何保障个人在使用电子设备和服务过程中的信息安全是需要全社会关注的重要议题。从行为学角度，如何培养个体的信息安全意识来增强信息安全风险识别能力，如何进行有效的知识转移或共享来强化个体保障信息安全的能力，如何增强个

---

① Li Y，Stafford T，Fuller B，et al. Beyond compliance：empowering employees' extra-role security behaviors in dynamic environments[C]. 23rd Americas Conference on Information Systems, AMCIS 2017, Boston, MA, USA, 2017.

② Hsu J S C，Shih S P，Huang Y W，et al. The role of extra-role behaviors and social controls in information security policy effectiveness[J]. Information Systems Research，2015，26（2），282-300.

③ Chen Y，Hua J，Wen K W. Fighting neutralization behaviors of employees in information security policy compliance：extra-role behaviors[C]. 45th Annual Meeting of the Western Decision Sciences Institute，WDSI 2016，Las Vegas，USA，2016.

④ Hu Q，West R，Smarandescu L，et al. Why individuals commit information security violations：neural correlates of decision processes and self-control[C]. Proceedings of the 47th Hawaii International Conference on System Sciences （HICSS），2014.

⑤ Vance A，Anderson B B，Kirwan B，et al. Using measures of risk perception to predict information security behavior：insights from electroencephalography（EEG）[J]. Journal of the Association for Information Systems，2014，15（10）：679-722.

体保障信息安全风险应对的意愿都是值得探讨的话题。另外，综合设计科学方法，如何设计有效的信息安全风险和应急提示界面，如何设计有效的信息系统安全政策来协助个体用户保障移动设备和互联网使用安全的行为意愿等同样需要进一步探索。